TARÔ

As chaves do FEMININO SAGRADO

Lorraine Couture

TARÔ
As chaves do FEMININO SAGRADO

Um instrumento para despertar e
conhecer a alma feminina

Tradução:
OLGA SÉRVULO DA CUNHA

Editora Pensamento
SÃO PAULO

Título do original: *Tarot: Lês clés du Féminin Sacré.*

Copyright © 2011 Éditions Trajectoire.
Copyright da edição brasileira © 2013 Editora Pensamento-Cultrix Ltda.

Texto de acordo com as novas regras ortográficas da língua portuguesa.

1ª edição 2013.

Todos os direitos reservados. Nenhuma parte desta obra pode ser reproduzida ou usada de qualquer forma ou por qualquer meio, eletrônico ou mecânico, inclusive fotocópias, gravações ou sistema de armazenamento em banco de dados, sem permissão por escrito, exceto nos casos de trechos curtos citados em resenhas críticas ou artigos de revistas.

A Editora Pensamento não se responsabiliza por eventuais mudanças ocorridas nos endereços convencionais ou eletrônicos citados neste livro.

Editor: Adilson Silva Ramachandra
Editora de texto: Denise de C. Rocha Delela
Coordenação editorial: Roseli de S. Ferraz
Preparação de originais: Lucimara Leal
Produção editorial: Indiara Faria Kayo
Assistente de produção editorial: Estela A. Minas
Editoração eletrônica: Join Bureau
Revisão: Claudete Agua de Melo e Indiara Faria Kayo

Dados Internacionais de Catalogação na Publicação (CIP)
(Câmara Brasileira do Livro, SP, Brasil)

Couture, Lorraine
Taro: as chaves do feminino sagrado: um instrumento para despertar e conhecer a alma feminina / Lorraine Couture; tradução Olga Sérvulo da Cunha. – São Paulo: Pensamento, 2013.

Título original: Tarot: lês clés du féminin sacré
Bibliografia.
ISBN 978-85-315-1826-3

1. Cartomancia 2. Ocultismo 3. Oráculos 4. Sorte – Leitura 5. Tarô I. Título.

13-02678   CDD-133.32424

Índices para catálogo sistemático:
1. Tarô: Artes divinatórias: Ciências esotéricas   133.32424

Direitos de tradução para o Brasil adquiridos com exclusividade pela
EDITORA PENSAMENTO-CULTRIX LTDA., que se reserva a
propriedade literária desta tradução.
Rua Dr. Mário Vicente, 368 – 04270-000 – São Paulo – SP
Fone: (11) 2066-9000 – Fax: (11) 2066-9008
E-mail:atendimento@editorapensamento.com.br
http://www.editorapensamento.com.br
Foi feito o depósito legal.

À memória de minha mãe,
Jacqueline Walsh

Para Marie-Josée e Amélie

Sumário

Agradecimentos 11

Prefácio 15

Introdução 23

Modelo de Estudo de Cada Arcano 33

PRIMEIRA PARTE
OS 22 ARCANOS MAIORES

O LOUCO
Nômade e explorador 41

O MAGO
Mágico e aéreo 51

A PAPISA
Sacerdotisa e sagrada 59

A IMPERATRIZ
Majestosa e soberana 69

O IMPERADOR
Autoritário e real   77

O SUMO SACERDOTE (O PAPA)
Mediador e guia   85

O ENAMORADO
Carnal e espiritual.   95

O CARRO
Guerreiro e vitorioso   103

A JUSTIÇA
Equilibrada e justa   111

O EREMITA
Esclarecido e solitário.   119

A RODA DA FORTUNA
Sibilante e visionária   127

A FORÇA
Brilhante e poderosa   135

O ENFORCADO
Despossuído e neófito   143

A MORTE (O ARCANO SEM NOME)
Desencarnada e ressuscitada..   153

A TEMPERANÇA
Xamã e curandeira ... 161

O DIABO
Dominado e subjugado ... 171

A CASA DE DEUS
Rebelde e indomável ... 179

A ESTRELA
Musa e profetisa ... 187

A LUA
Misteriosa e fecunda ... 197

O SOL
Solar e luminoso ... 207

O JULGAMENTO
Angelical e inspirado ... 215

O MUNDO
Andrógino e imortal ... 223

SEGUNDA PARTE
TARÔ ASTROLÓGICO

Acolher todas as mulheres em si ... 235

Tiragem do Tarô Astrológico ... 239

Como proceder para tirar o Tarô Astrológico 243

Instruções complementares para sua tiragem
do Tarô Astrológico 245

Exemplo de interpretação 247

Tabela de Correspondências 255

Bibliografia.. 257

Agradecimentos

Em primeiro lugar, agradeço à Divina Mãe Ísis por me haver colocado sob sua asa, amada, protegida e abençoada durante minha viagem terrena. Sem seu apoio espiritual ao longo de meu périplo agitado, minha busca teria sido infrutífera. É para homenageá-la que lhes ofereço este livro.

Agradeço aos meus filhos Marie-Josée e Patrick, pela confiança e pelo amor. Sua criatividade me inspirou. E, do fundo do coração, agradeço a Jacques, pai dos meus filhos, por sua ajuda enquanto eu perseguia meus objetivos.

Meus agradecimentos especiais às mulheres despertas do meu círculo de espiritualidade feminina *Filhas de Ísis*, e, especialmente, a Isabelle, Carole, Marion, Odile, Lyne, Élisabeth, Michelle, Estelle e Tania, por seu apoio, amizade e afeição.

Agradeço a minha linhagem feminina, em particular às minhas irmãs Louise e Lyne, bem como à mamãe, aberta aos mundos invisíveis, que me protege lá do alto, e à Carmen, que canta agora ao pé dos anjos. Agradeço à divina Sophia pelo nascimento de minha netinha Amélie, cujo nome evoca a alma.

Dou graças à gloriosa deusa Ártemis, nascida da tradição grega, emigrada das lendas célticas, que me apareceu em sonho muitos anos atrás. Ártemis, emprestando os trajes da Mãe Ursa, meu totem protetor, ajudou-me a descobrir a mulher em mim, para modelar minha matéria-prima, para lavá-la, limpá-la, com o objetivo de me regenerar e me reconciliar comigo mesma. Assim, danço a minha sorte, para que, quando o galo cantar, a aurora se levante, fulgurante e luminosa como um rubi.

Por fim, expresso meu forte reconhecimento à equipe zelosa das Éditions Trajectoire do grupo editorial PIKTOS, que acreditou em meu projeto e me proporcionou o prazer e o privilégio de concretizá-lo.

A Natureza é um templo onde pilares vivos
Deixam escapar às vezes confusas palavras;
O homem a percorre através de florestas de símbolos
Que o observam com olhares familiares.

Como longos ecos que de longe se confundem
Em uma tenebrosa e profunda unidade,
Vasta como a noite e como a claridade,
Os perfumes, as cores e os sons se propagam.

Charles Baudelaire, *Correspondências*

Aquilo que nunca quisemos saber sobre nós mesmos
Volta a nos confrontar como destino.

Carl G. Jung

Ele é igualmente no homem um destino que empresta sua força à vida.
E, quando se consegue dar à vida e ao destino seus legítimos lugares,
Consolida-se a sorte, colocando-se, portanto, a vida em íntima concordância com ela.

I Ching
Hexagrama 50 – O caldeirão

A Justiça está a serviço do Pai
E da verdade abstrata,
Mesmo que à custa da sensibilidade do coração.

A Temperança está a serviço da Mãe
E do coração humano complacente,
Mesmo que à custa da verdade absoluta.

Liz Greene, astróloga e analista junguiana
e **Juliet Sharman-Burke**
O Tarô Mitológico

Prefácio

Esta obra é dedicada ao Tarô e ao Feminino Sagrado. À luz de suas imagens simbólicas, eu decodifico e reinterpreto os arquétipos dos 22 Arcanos Maiores do Tarô de Marselha. De modo original, prático e visionário, este manual de aprendizagem e aperfeiçoamento, abordando o Tarô de forma inovadora, oferece as chaves para fazer desabrochar e facilitar sua jornada espiritual ao feminino.

Há aproximadamente trinta anos, no início de minha prática como conselheira espiritual, utilizando instrumentos do despertar, como o Tarô, a astrologia e o I Ching, confrontei-me unicamente com deuses e mitos masculinos, no périplo de heróis.

Em um momento crucial de minha vida, voltei-me a buscas pessoais na história de mulheres, na mitologia feminina, na psicologia junguiana e na alquimia. Dediquei inúmeras horas ao estudo de antigos cultos em honra da Grande Deusa.

Tendo a Deusa-Mãe como guia e me inspirando na obra brilhante e famosa da arqueóloga Marija Gimbutas, *Le langage de la déesse* [*A Linguagem da Deusa*], um vasto horizonte luminoso se abriu diante de mim.

Graças ao ressurgimento do Feminino Sagrado – suprimido ou ocultado pelas sociedades patriarcais e as religiões focadas em um deus masculino –, cada vez mais mulheres descobrem, reconhecem e valorizam as numerosas facetas de sua alma feminina. Elas empreendem uma jornada de evolução espiritual pelo caminho escarpado da via iniciática, que permite acolher todas as mulheres em si.

Costuma-se dizer que algumas pessoas têm alma. Essas pessoas amaram, sofreram, descobriram sua missão na vida, foram despertadas. Como conseguiram se conhecer tão bem e expressar seus melhores talentos neste mundo? Em vez de se trancarem em sua torre de marfim, essas pessoas que descobriram o divino em si, esses seres iniciados, fizeram sua luz brilhar ao seu redor.

As mulheres tomam diferentes rumos. Para todas, o objetivo é o mesmo e ele está representado no Tarô pelo arcano O Mundo.

No jogo tradicional, o arcano O Mundo tem o número 21, que pela redução teosófica se iguala a 3, encarnando a Deusa Tríplice dos tempos antigos.

A viagem do ser humano tem início em um ovo simbolizado pela forma gráfica do zero, número do arcano O Louco, ou Bobo, no Tarô de Marselha. O círculo do zero é o símbolo de todas as potencialidades. Nós nascemos do caos para empreender nosso destino espiritual.

Como o Louco, desempenhamos numerosos personagens; eles vão e vêm ao sabor de nossos humores, de nossas dúvidas e esperanças; nós assumimos os disfarces, as atitudes e o caráter, e frequentemente eles fazem de nós o que querem. Uma multidão de mulheres habita nosso interior: há a mulher sedentária e a nômade, a mulher amável e a detestável, a generosa e a egoísta, a rebelde e a submissa, a pretensiosa e a modesta, a vítima e a manipuladora, a mulher ascética e a sensual, a devota e a descrente. O Louco nos faz lembrar de que há tantas formas de se destruir quanto de se conhecer, de se aceitar, de agarrar a vida com as próprias mãos e de se criar. Qual quadro, qual poema, qual livro, qual música ocupam o espírito do Louco? Que apelo surge do fundo de sua alma?

O personagem do Louco é frequentemente representado carregando sua trouxa, caminhando em direção a experiências incomuns. Para mim, ele tem parentesco com o planeta Netuno, planeta da imaginação e das faculdades criativas, e com o signo de Peixes. O Louco simboliza nossa existência humana e espiritual em movimento. Certos mitos e lendas representam perfeitamente o estado do Louco, ou Bobo. Um personagem pleno de inocência e ingenuidade, a quem é permitido criticar os poderosos, dizer as verdades que ninguém mais ousaria exprimir. O "malandro divino", que quebra todas as regras e as convenções da sociedade.

Nós somos nômades, exploradoras. Vale lembrar uma passagem do filme *Entre Dois Amores*, quando Finch diz a Karen: "Nós estamos apenas de passagem sobre a Terra." Mas será que somos mesmo nômades? Eu me lembro de ter visto um documentário na televisão sobre o Cruzeiro Amarelo, na China, do qual participou Teilhard de Chardin, em que foi dito: "Estes não são nômades verdadeiros, eles vão a qualquer parte."

De onde viemos? Quem somos nós? Para onde vamos? Os gnósticos dos primeiros séculos estariam ainda se perguntando sobre as origens: "Quem éramos nós? No que nos transformamos? Onde estávamos? Onde fomos lançados? Para onde vamos?."

Repare nos trajes do bobo da corte. Ele é conservado ainda bem vivo nas cartas tradicionais de baralho na figura do coringa. É o único dos 22 Arcanos Maiores do Tarô que a Igreja tolerou; todos os outros arcanos foram escondidos.

O que o Louco leva em sua trouxa? Seriam nossos talentos, nossas esperanças, nossos sonhos? A invocação do Louco nos transforma em andarilhos. Meditando sobre O Louco, ou Bobo, o primeiro dos arcanos do Tarô, compreendo que esse personagem exige que eu mergulhe em mim, que empreenda uma busca interminável em meu passado, que visite minha caverna sagrada, que desenterre as múltiplas mulheres em mim para descobrir a herança que a Grande Deusa-Mãe me legou.

Ninguém escapa da tomada de consciência de seu caminho e do cumprimento do seu destino. Quer você o chame de Rota da Vida, Rota do Karma, a Via, ou de a Grande Mandala, o relógio cósmico marca inexoravelmente a passagem dos minutos e das horas de nossa existência. Que direção vamos tomar? Em que encruzilhada estamos? De qual direção viemos? Do nascimento à morte, a vida nos proporciona alegrias, tristezas, ocasiões e lições para permitir que nos transformemos.

Trabalhar com o simbolismo do Tarô e da astrologia é se permitir observar a cadência desse baile de máscaras que nos obriga a nos despojarmos das diferentes máscaras que recobrem nosso Ser. É viver esse processo infinito de transformação em que o passado se funde ao presente e no qual, em troca, o presente se funde ao futuro. Enfim, é necessário conhecer os estágios dessa metamorfose; para nós, mulheres, isso é essencial, considerando que vivemos essas diferentes estações da alma primeiro em nosso corpo. Cada estação da alma feminina deve ser honrada e respeitada porque, atravessando cada uma delas, descobrimos seu valor nos deixando penetrar por seus ensinamentos. Como encontrar nosso caminho? Os acessos são múltiplos. Mas um é o caminho que todas devemos seguir, a via da individuação, em direção à sabedoria da Mãe Divina. O fim último da passagem das trevas para a luz é alcançar nosso Ser e colher a Flor de Ouro.

Na Antiguidade, no Egito, certas pessoas eram iniciadas nos Mistérios de Ísis e de Osíris e, na Grécia, nos de Elêusis; durante as cerimônias ritualísticas, os discípulos da Grande Deusa percorriam longos corredores sombrios que simbolizavam essa passagem. De nosso percurso das trevas para a luz, nada importante poderá ser concluído senão a partir do nosso centro interior, nosso Ser, o Eu da vontade, reflexo do Ser divino.

Espero que este livro proporcione paisagens para a sua meditação, seu percurso espiritual, e que ele seja para você um guia revelador de algumas pistas de iniciação feminina. Que você possa encontrar nele um convite para explorar seu caminho, sua alma feminina e, assim, despertar sua verdadeira identidade ao mesmo tempo humana e divina, bem como se reconhecer criatura de seu universo e do mundo.

Que a Grande Deusa-Mãe lhe abençoe!

Lorraine Couture
Gatineau, 10 de dezembro de 2010

Introdução

∞ O que é o Tarô?

O Tarô, instrumento de autoconhecimento e de desenvolvimento pessoal, se apresenta a nós sob a forma de um jogo de 78 cartas, divididas em 22 Arcanos Maiores e 56 Arcanos Menores.

As cartas de Tarô são chamadas "arcanos" ou "lâminas". A palavra "arcano" vem do latim *arca*, que significa "cofre" e "segredo". Lâmina, do latim *lamina*, representa uma folha fina, geralmente em metal ou madeira. Pode-se concluir que certos jogos de Tarô antigos tinham essa aparência.

Os 22 Arcanos Maiores, representados pela imagem do Louco, da Papisa, da Imperatriz, do Imperador, do Sumo Sacerdote (O Papa), do Carro etc., simbolizam as etapas da viagem da alma, daquilo que Carl Jung chama de "processo de individuação". Em detalhes, pode-se perceber que as imagens simbólicas do Tarô ilustram nosso percurso iniciático para a perfeição, para a reconciliação do feminino e do masculino em cada um de nós, para a iluminação evocada no arcano O Mundo.

Os 56 Arcanos Menores consistem em quatro grupos de imagens representativas dos elementos, como o bastão (o fogo), a taça (a água), a espada (o ar) e a moeda (a terra). Eles são numerados de um (Ás) a dez. Esses arcanos representam os acontecimentos e as experiências da viagem. Dezesseis personagens completam o jogo.

∞ De onde vem o Tarô?

O Tarô é um dos mais antigos jogos de cartas que se conhece. Nosso baralho habitual de 52 cartas conservou do Tarô original apenas o Louco, dos Arcanos Maiores, que chamamos de "Coringa". Certos autores preferem afirmar que ele se originou na China, outros acreditam que surgiu no Egito antigo, a maioria dos ocultistas o associa à Cabala, o alfabeto de 22 letras da tradição hebraica. Para outros, o Tarô teria sido inventado pelos ciganos. Mesmo os historiadores têm dificuldade em encontrar sua origem e os linguistas não têm certeza a respeito da etimologia exata do termo *tarô*.

Certos autores afirmam que o jogo de tarô mais antigo ainda existente no mundo foi desenhado em 1392 pelo rei Carlos VI da França, e dezessete cartas dele estão expostas na Biblioteca Nacional francesa.

Jean-Claude Flornoy, célebre impressor de iluminuras francês e artesão dessa arte, (re)editor dos tarôs de Jean Noblet (1650) e Jean Dodal (1701), destaca em sua obra *Le Pèlerinage des bateleurs* [*A Romaria dos Saltimbancos*] que "o mais célebre é o dito, de maneira imprópria, como sendo 'de Carlos VI'. Criado, segundo algumas pessoas, em Veneza por volta de 1480, em Ferrara em 1470 ou em Bolonha, ele deve essa atribuição a uma confusão do século XIX relacionada a um texto de 1392, que tratava da entrega de três jogos de cartas a Carlos VI por Jacquemin Gringonneur. Esse tarô, do qual nos restam 17 cartas, teria pertencido a Catarina de Médici. Ele está conservado na Biblioteca Nacional da França".

No século XV, em Veneza, uma nobre italiana, Bianca Marie Visconti, casou-se com Francisco Sforza e a lenda conta que ele teria lhe oferecido como presente de casamento um jogo de tarô pintado à mão de estilo gótico, enfeitado com pedras preciosas e laminado com folhas de ouro. Esse jogo, denominado "Visconti-Sforza", é ainda utilizado e sua beleza impressiona a todos os amantes do Tarô.

∽ Por que utilizar o Tarô?

Em todos os tempos, o ser humano tentou descobrir aquilo que lhe é ocultado. De onde venho? Quem sou eu? Para onde vou? Com qual objetivo? Onde estou? Quem me acompanha? Qual é minha missão na vida? Será que existe uma arte que possa nos ajudar a levantar as máscaras que usamos e assim nos permitir acessar nossas riquezas interiores? Como dar a palavra a todas essas vozes que falam em nós?

O Tarô é uma arte reconhecida há séculos por inumeráveis culturas como um instrumento de despertar. Anos de uso me convenceram de que essa arte é valiosa e capaz de nos revelar nossa verdadeira identidade como criaturas do nosso universo.

O Tarô nos permite conhecer nossas potencialidades, pois os símbolos que ele revela exprimem a energia psíquica do nosso inconsciente e essa linguagem nos permite uma leitura de nós mesmos em todos os níveis.

Aprender a ler o Tarô nos ajuda a entender nossos diálogos interiores e a melhor escolher nossos cenários de vida.

O ser humano tem necessidade de interpretar suas experiências interiores e exteriores de um ponto de vista absolutamente individual, em função do seu caráter e de suas próprias necessidades. Aprendendo a ler o Tarô, podemos afinar a qualidade da nossa percepção, identificar e reconhecer nossas energias vitais e psíquicas. Portanto, aprendemos a viver nossa própria história desenvolvendo o amor por nós mesmos e pelos outros.

Para conquistar nosso destino, é preciso aprender a nos conhecer. Podemos usar o Tarô para descobrir quem verdadeiramente somos, quais são nossos valores e quem podemos vir a ser.

Durante minhas oficinas sobre o Tarô, instrumento de autoconhecimento, utilizo o conceito de subpersonalidades desenvolvido pelo dr. Roberto Assagioli, psiquiatra italiano e fundador da psicossíntese. Segundo Assagioli, no decorrer de nossa vida desempenhamos inúmeros papéis, inúmeras personagens. Ele escreveu: "Há as personagens que acreditamos ser, que gostamos de ser, as personagens que os outros acreditam que somos e aquelas que os outros fazem surgir em nós. Vivem em nós também as personagens que gostaríamos que aparecessem aos olhos dos outros, que fazemos parecer ser, e, por fim, a pessoa que podemos ser."

Essas diferentes personagens que nos habitam estão todas representadas no Tarô. A Papisa corresponde ao nosso eu intuitivo; o Imperador, ao nosso eu ambicioso; as Estrelas, ao nosso eu artístico; o Julgamento, ao nosso eu ativista; a Imperatriz, ao nosso eu criativo; o Enforcado, à vítima em nós. Pode-se associar a Temperança à nossa personalidade pacifista; a Casa de Deus (Maison Dieu, ou Torre), àquela faceta reformadora; o Mundo, à nossa mulher perfeita.

O Tarô, instrumento de autoconhecimento, nos obriga a desenterrar as múltiplas mulheres em nós, a fazê-las coabitar harmoniosamente para assim cumprir nosso destino espiritual.

O Tarô nos ajuda a viver nossa própria história, a reencontrar a Grande Deusa-Mãe que habita o nosso ser mais profundo, para encontrar nossa taça do Graal – a chave que abre a porta do nosso coração e da nossa alma.

∞ Como utilizar o Tarô?

O objetivo deste livro é servir de manual de aprendizagem para toda mulher desejosa de se iniciar no Tarô. De forma geral, ele visa ajudar as pessoas no caminho iniciático a aprender o simbolismo universal dos 22 Arcanos Maiores do Tarô de Marselha. Por meio desses símbolos, a mulher é levada a descobrir suas forças e fraquezas nos planos psíquico, mental, afetivo, social e espiritual. A discípula séria utiliza o jogo de Tarô para harmonizar seus diálogos interiores e integrar suas subpersonalidades com o objetivo de manifestar seu Ser, isto é, a totalidade do ser humano.

Este livro foi redigido a partir do material do curso que concebi e redigi para ajudar as mulheres em busca espiritual a escolher seu caminho, seu itinerário e seu destino. O modelo de estudo de cada arcano compreende quatorze pontos:

o número do arcano

a correspondência astrológica

a mulher e seu signo astrológico

a figura feminina

a saúde e o corpo

as palavras-chave

as personagens e os arquétipos

o Arcano Maior e as dádivas do destino

uma interpretação

uma meditação

uma afirmação

a simbologia atual

as atividades práticas sugeridas

o desafio espiritual, ou seja: a Deusa em Si Mesma.

A Deusa em Si Mesma representa o desafio espiritual que sua alma aspira aqui e agora, convida-a ao autoconhecimento, a despertar sua consciência para fazer eclodir a centelha divina que existe em você.

É necessário ler os quatorze pontos de cada Arcano Maior para compreender bem sua simbologia, antes de fazer os exercícios de meditação, de afirmação e de integração. Reserve um tempo para praticar os exercícios. Será bom ter um caderno especial, que servirá de diário de bordo, para nele anotar seus pensamentos, suas reflexões, suas intuições e sonhos enquanto utilizar o Tarô com o objetivo de autoconhecimento e de despertar da consciência. A energia de certos arcanos pode se manifestar agora em sua vida. A de outros arcanos pode ganhar sentido dentro de algumas semanas, alguns meses ou anos. Respeite o ritmo de sua caminhada.

No entanto, para tirar o máximo proveito do seu aprendizado do Tarô, sugiro manter uma séria disciplina, fazendo uso do seu jogo de Tarô todos os dias.

∞ Quando utilizar o Tarô?

Utilizar seu jogo de Tarô e este manual todos os dias vai lhe permitir estudar e interpretar rapidamente o simbolismo dos Arcanos Maiores.

A cada dia, tire uma carta de Tarô, estude suas correspondências simbólicas (pontos 1 a 9, e 12); em seguida, use o tempo para meditar e responder às perguntas dos pontos 10 e 11, meditação e afirmação. Se possível, faça uma das atividades propostas no ponto 13, no mesmo dia ou no dia seguinte. Finalmente, experimente destacar o desafio espiritual descrito no ponto 14 do arcano tirado a cada dia.

Você descobrirá rapidamente que os símbolos do Tarô refletem exteriormente, com sincronismo, seus processos psíquicos interiores e lhe oferecem também a possibilidade de harmonizar as diferentes facetas de sua personalidade.

O Tarô lhe permite examinar suas experiências cotidianas com o olhar treinado pelo exercício de sua intuição, e incita você a manifestar seus dons e talentos pessoais de maneira criativa e particular. Ele pode também lhe indicar alguns desafios a encarar durante a jornada, para superá-los e transformá-los.

A prática cotidiana do Tarô lhe dá o suporte metódico para a redescoberta de si mesma, suscitando uma interrogação sobre suas motivações conscientes e inconscientes e sobre o papel que desempenha a autoestima no cumprimento do seu destino. Esse processo de *auto-observação* conduz você, inexoravelmente, a uma busca pessoal que lhe permitirá atingir o bem-estar e a plenitude e se engajar na via iniciática.

Minha intenção é lhe ensinar, da maneira mais simples possível, a se conhecer, a se respeitar e a honrar sua feminilidade utilizando este prodigioso instrumento simbólico.

No final do manual, há uma tiragem que chamei de *Acolher todas as mulheres em si*, resultante da roda astrológica e baseada nas doze casas do zodíaco, às quais acrescentei uma outra, a Mulher essencial.

Pelas poderosas energias que libera, essa tiragem fará você tomar consciência de suas diferentes personalidades femininas. É possível fazê-las dialogar entre si com a ajuda do que está descrito neste livro.

Modelo de estudo de cada arcano

Neste manual, proponho o estudo e a meditação sobre cada um dos 22 Arcanos Maiores do Tarô, seguindo o modelo a seguir:

1 O NÚMERO

O número associado a cada arcano, segundo a numerologia tradicional, e alguns ajustes que fiz.

2 CORRESPONDÊNCIA ASTROLÓGICA

A correspondência de cada arcano segundo a tradição astrológica, enriquecida de algumas modificações pessoais que considerei pertinentes.

3 A MULHER E SEU SIGNO ASTROLÓGICO

Os atributos da mulher do signo astrológico correspondente a cada Arcano Maior, segundo minha própria interpretação como astróloga profissional; o mesmo signo astrológico se relaciona a mais de um Arcano Maior, já que há 22 Arcanos Maiores e doze signos astrológicos. A mesma abordagem poderá, portanto, ser encontrada em diferentes pontos.

4 FIGURA FEMININA

A figura feminina, extraída das fontes da mitologia universal e da história das mulheres, que eu associei à simbologia de
cada arcano.

5 A SAÚDE E O CORPO

As partes do corpo e o estado de saúde correspondentes a cada
arcano, segundo minha experiência da astrologia e do Tarô.

6 PALAVRAS-CHAVE

As palavras-chave que vão lhe ajudar em sua aprendizagem
do simbolismo dos Arcanos Maiores do Tarô.

7 PERSONAGENS E ARQUÉTIPOS

Os diferentes personagens e arquétipos que as ilustrações do
Tarô me sugerem.

8 O ARCANO MAIOR E AS DÁDIVAS DO DESTINO

As dádivas do destino feminino que associo às diferentes figuras dos Arcanos Maiores.

9 INTERPRETAÇÃO

Os indicadores pessoais de interpretação de cada Arcano
Maior do Tarô: convido você a descobrir os seus.

10 MEDITAÇÃO

As questões propostas a sua meditação cotidiana sobre cada Arcano Maior.

11 AFIRMAÇÃO

Um exercício de afirmação para registrar em seu diário de bordo do Tarô ou em uma ficha, que você repetirá frequentemente.

12 SIMBOLISMO ATUAL

O jogo de Tarô é um sistema simbólico muito antigo. Atualmente, precisamos associar cada Arcano Maior a uma simbologia atual, que reflita os valores de nosso tempo: convido você a descobrir a sua.

13 ATIVIDADES DE INTEGRAÇÃO

Sugiro uma dezena de atividades de integração para facilitar a expressão de cada Arcano Maior do Tarô.

14 DESAFIO ESPIRITUAL

A Deusa em Si Mesma representa o desafio espiritual a que sua alma aspira aqui e agora.

Primeira parte

Os 22 arcanos maiores

O LOUCO

Nômade e explorador

1 NÚMERO
De todos os Arcanos Maiores do Tarô, a tradição conservou, em nossos jogos de cartas, apenas o Louco, sob a aparência do coringa. Na maior parte dos jogos de Tarô, o Louco não é numerado. Certos autores atribuem a ele o número 22, outros, o 0. Para mim, o Louco evoca o 0. O símbolo de todas as potencialidades. Ele não tem valor em si mesmo. O Louco encarna o início e o fim. O eterno recomeço. O poder do Louco, do zero, é semelhante ao círculo. O movimento perpétuo, o todo, o infinito.

2 CORRESPONDÊNCIA ASTROLÓGICA
O elemento água. O signo de Peixes. O planeta Netuno, planeta da imaginação, do misticismo, do despertar e das faculdades criativas. Netuno, planeta que acompanha o iniciante em marcha em direção ao seu destino espiritual.

3 A MULHER PISCIANA
Atributos do signo de Peixes

ELEMENTO	ENERGIA	PLANETA
Água	Feminina e mutável	Netuno

A mulher que tem o signo solar, o ascendente ou a Lua em Peixes é muito sensível, receptiva, médium, enfática. Ela é psiquicamente antenada e absorve inconscientemente as percepções emanadas de outras pessoas. Capta as atmosferas e pressente as vibrações à sua volta. Possuindo, por outro lado, o dom de clarividência e a capacidade de ter sonhos premonitórios ou proféticos, algum dia ela estudará e compreenderá os mistérios da vida. Ela é dotada de uma memória excepcional, de uma sabedoria natural e de aptidões para a cura psíquica e espiritual.

A mulher de Peixes busca a perfeição em seu contato com outras pessoas. Para atingir esse objetivo, ela se ajusta aos pensamentos, aos desejos e emoções alheios. Em situações difíceis, ela prefere manifestar seus ressentimentos de modo sutil. Assim agindo, reprime sua cólera, ignora as emoções que emergem do seu inconsciente e se deprime com facilidade. Mulher introvertida, impressionável, ela deve ficar desligada das contingências da vida cotidiana.

Envolvida por uma aura misteriosa, frágil, muito emotiva, de temperamento instável, a mulher de Peixes é frequentemente incompreendida. Sua extrema vulnerabilidade e sua suscetibilidade a tornam muito sensível à crítica.

Fatalista, a mulher pisciana acredita estar presa a um destino que não escolheu. Plena de compaixão pelo sofrimento humano, ela perdoa todas as pessoas à sua volta, cega a seus desregramentos, suas fraquezas e suas traições. No entanto, é importante para a mulher de Peixes lembrar-se de que ela não deve se vangloriar de sua generosidade e de sua compaixão em relação às outras pessoas.

Mulher em desenvolvimento espiritual, ela se irrita facilmente com as pessoas que vivem apenas em função dos bens materiais. Deve respeitar sua individualidade, escutar sua fraca voz interior, que não lhe mente jamais. Se ela se força a fazer qualquer coisa que não deseja, pode subitamente ficar doente e definhar rapidamente.

Adorável, generosa, devotada ao bem dos outros, ela está sempre disposta a se sacrificar pelo bem-estar dos que a cercam. Por outro lado, ela deve enfrentar seus medos inconscientes e se dar o direito de viver como quer, sem manter em torno de si muros que a afastem por fim de sua criatividade e de sua própria vida.

São recomendadas atividades nas seguintes áreas profissionais: Medicina, atividades paramédicas, trabalhos de laboratório, comércio, seguros, reflexologia, sindicalismo, pesquisa de parentes biológicos, cinema, musicoterapia, fotografia, artes – sobretudo a música e o grafismo –, psicologia, trabalho social, função pública, oceanografia, natação, biologia marinha, transporte de mercadorias, poesia, clarividência, astrologia, cura, farmácia, religião, pesquisa em toxicologia, trabalho em um centro náutico, colheita ou venda de café ou tabaco, dança, circo.

As cores benéficas à mulher pisciana são: azul (todos os tons), malva, turquesa, cinza-chumbo e verde.

A mulher de Peixes tem necessidade de colecionar conchas e figuras representativas das divindades femininas.

Relaxante, o óleo essencial de melissa é excelente para as piscianas que precisam repousar bastante para se libertar das energias negativas captadas no dia a dia. Aplicar um pouco nas têmporas para aliviar as enxaquecas. Beber um chá de melissa antes de se deitar ajuda a dormir e a ter sonhos inspiradores.

4 FIGURA FEMININA: AS BEGUINAS

Desde o final do século XII, no nordeste da Europa, as beguinas, religiosas que viviam fora dos claustros, fundaram pequenas comunidades espirituais, ativas e contemplativas. Essas devotas, muito pobres para fazer parte de uma ordem monástica regular, produziam bens para ganhar a vida, se ocupavam dos indigentes e dos doentes, meditavam e rezavam para desenvolver sua sabedoria e compaixão. Elas escreveram vários tratados místicos recentemente descobertos pelos historiadores religiosos. Essas mulheres emancipadas não pertenciam a qualquer ordem religiosa e não estavam presas a nenhum conselheiro espiritual hierárquico que lhes ditasse leis e regulamentos. Elas observavam as regras que estabeleciam para si mesmas, viviam uma vida intensa e ativa que consagravam à oração, ao estudo, ao ensino e às obras de caridade.

Hadewijch d'Anvers é uma figura predominante associada ao movimento das beguinas.

Para saber mais:

MOMMAERS, Paul. *Hadewijch d'Anvers* [*Hadewijcg da Antuérpia*]. Le Cherf, 1994.

D'ANVERS, Hadewijch. *Écrits mystiques des béguines* [*Escritos Místicos das Beguinas*]. Seuil, "Points sagesses", 1994.

GOZIER, André. *Béguine, écrivain e mystique* [*Beguina, Escritora e Mística*]. Nouvelle Cité, 1994.

A PEREGRINA DA PAZ

"A Peregrina da Paz" é o nome dado a uma mulher americana que abandonou seu trabalho e tudo o que possuía, até mesmo seu nome, para andar pelos Estados Unidos clamando pela paz no mundo. Ela levava em sua sacola algumas roupas, artigos de higiene, um lápis, papel e uma mensagem de paz. A Peregrina da Paz se preparou para sua missão durante quinze anos, e no dia 1º de janeiro de 1953, ela se pôs em marcha. Caminhou em torno de quarenta quilômetros, diariamente, durante 28 anos. Quando parava, por alguma exigência do caminho, ela aproveitava para conversar com as mulheres que partilhavam seu espaço; explicava-lhes sua busca da simplicidade e a mensagem de amor e de paz que queria transmitir. Ela percorreu os Estados Unidos até sua morte, que ocorreu há muitos anos em uma colisão frontal quando era conduzida para uma conferência sobre a paz.

Em sua autobiografia, *Peregrina da Paz*, ela escreveu: "Sou uma peregrina, uma vagabunda. Serei sempre uma vagabunda até que a humanidade tenha assumido o caminho da paz. Andarei até onde alguém me ofereça pousada e comerei quando alguém me oferecer o que comer."

5 A SAÚDE E O CORPO

O sistema imunológico. A glândula pineal. A aura. Os chakras. Os pés. A reflexologia. O lado direito do cérebro (intuição). A dor. Os medicamentos. As drogas. O tabaco. Os peixes. O álcool. As alergias. A paralisia. O alcoolismo hereditário.

6 PALAVRAS-CHAVE

Indiferença. Instinto. Loucura. Entusiasmo. Espontaneidade. Jogo. Confiança no universo. Viagem. Abandono. Inocência. Magia. Comédia. Desordem. Instabilidade. Despojamento. Inconsciência. Abertura. Meditação.

7 PERSONAGENS E ARQUÉTIPOS

Uma criança. Um viajante. Uma pessoa itinerante. Uma pessoa equilibrada. Um poeta. Um desconectado. Uma artista. Uma solitária. Um estrangeiro. Uma sonâmbula. Uma nômade. Uma mística. Uma participante de sessões de mediunidade. Uma visionária. Uma vidente. Uma anestesista. Uma drogada. Um órfão. Um palhaço. Uma discípula. A criança prodígio. Uma adepta da nova era.

8 O LOUCO E AS DÁDIVAS DO DESTINO

A mulher que manifesta os atributos do Louco é uma pessoa aventureira, rebelde e sonhadora. Tem necessidade de ser diferente, inventiva e original. É uma mulher que se interessa pela filosofia, pela mitologia, pelo Tarô, pela astrologia.

Ela não costuma dar ouvidos aos conselhos alheios. Ela se pergunta, a todo o momento, como expandir seus horizontes, como tornar sua vida mais excitante. Esta mulher soube preservar seu coração e sua curiosidade infantil. Impulsiva, ela adora sua liberdade; tem necessidade de andar ao ar livre e de respirar os aromas da natureza. Embora adore explorar as novas ideias e viajar, ela procura levar uma vida simples. Bastante independente, versátil, imprevisível, inovadora, criativa, é uma ingênua contadora de histórias, idealista, que brilha por sua espontaneidade aonde quer que vá. Esta mulher sabe que é protegida, mas deve cultivar a responsabilidade pessoal. Ela aprenderá a desenvolver sua concentração e sua perseverança. Amando tudo e nada ao mesmo tempo, ela terá interesse em se especializar.

9 INTERPRETAÇÃO

O Louco pode ter muitas significações:

Nossa criança interior. A magia do momento presente. O impulso de vida que nos leva a agir. Todas as potencialidades humanas.

O desejo de correr um risco, de provocar, de se divertir sem considerar as consequências.

Nossa natureza animal, representada pelo gato no desenho do arcano. O instinto. O inconsciente. O cérebro reptiliano, o mais arcaico, anterior ao límbico e ao córtex.

A própria vida, que nos pede que mergulhemos nela, como nos diz um provérbio sufi e como ilustram algumas imagens do Louco.

Nosso sexto sentido, esse instinto a praticar e em que devemos confiar.

O guia interior, que Carl Jung chama de Self. A pessoa que cria seu próprio destino, integrando suas subpersonalidades.

O início da nossa viagem iniciática, do nosso caminhar em direção a nós mesmos, disso que somos e podemos vir a ser. Tirar a carta do Louco não nos deixa outra escolha senão assumir riscos, saltar no desconhecido, assumir a via iniciática e empreender nossa viagem espiritual.

10 MEDITAÇÃO

Certos autores presumem que o alforje da personagem contenha os quatro elementos que aparecem na carta seguinte – o Mago, ou Prestidigitador. Estes elementos – o bastão (fogo), a moeda (terra), a taça (água) e a espada (ar) – lhe revelarão seu destino ao longo de seu percurso.

O que contém a trouxa do Louco?

Tenho a sensação de agir de modo tolo em algum aspecto da minha vida?

Em quais circunstâncias manifesto os atributos do Louco, ou Bobo? No trabalho, em casa, na companhia dos meus amigos, nos meus sonhos?

O que eu gostaria de fazer se não houvesse nada contra?

Quais são meus desejos na vida?

Tenho a intenção de partir para algum lugar mais vibrante? Por quê? Minha vida se tornou banal, insensata, sem magia?

Tenho desprezado tudo o que constitui minha criatividade, minha grandeza, minha unicidade? Em nome do quê?

Que ilusão me impede de realizar meus sonhos?

11 AFIRMAÇÃO

Se não houvesse nada contra, eu...

12 SIMBOLOGIA ATUAL

Hoje em dia, muitos adultos perderam o sentido da festa, do jogo, da magia do cotidiano. O Louco nos incita a reencontrar a criança em nós, a reivindicar, apesar da agitação desenfreada de nossa vida, esse éden interior que acreditamos perdido para sempre, esses lugares encantados repletos dos espíritos da natureza e das personagens dos contos de fadas, a fim de voltar a dar sentido à nossa vida e esperança aos nossos descendentes. O Louco, ou Bobo, nos pede que sejamos menos sérios, que reencontremos a espontaneidade, nossa criatividade, nossas alegrias de criança. O Louco nos convida ao jogo, ao prazer, à fuga. Sua energia nos incita a dançar, a cantar, a nos divertirmos como crianças, a tocar um instrumento musical, a escrever poesia, a ler contos de fadas e histórias em quadrinhos, a ir ao circo, a praticar esportes radicais, a participar de desfiles carnavalescos, a tomar parte em festivais neopagãos, a construir castelos de areia, a rolar na grama, a fazer palhaçadas, a soltar nosso bobo!

Durante minha adolescência, o Bobo mostrava-se com os trajes de Laurel e Hardy, de Jerry Lewis, de Louis de Funès. Hoje, nossa natureza lúdica é cada vez mais reprimida. O Louco renasce no comportamento de certos jovens adolescentes hoje em dia. Muitos adultos julgam severamente esses jovens rebeldes que colocam *piercing* nas orelhas, no nariz, nos lábios e mesmo nos órgãos sexuais. Para se expressar neste mundo em que o conformismo generalizado abarca todas as esferas da sociedade, esses jovens chegam quase a se mutilar para nos gritar sua desordem. Desconsiderando seu exagero, esse comportamento nos exorta a redescobrir nossa natureza lúdica. Para nos transmitir sua mensagem, eles vivem totalmente no presente, alardeiam sua insolência ante a autoridade, recusam as regras que bloqueiam sua criatividade. Essas jovens mulheres e esses jovens homens estão abertos e receptivos à loucura, não querem atravessar a vida como sonâmbulos iguais a muitos de sua geração. Não foi Ésquilo, o poeta trágico grego, que escreveu: "Parecer louco é o segredo dos sábios?"

13 INTEGRAÇÃO
Meu dia de fantasia

Redescubro e exprimo a inocência e o entusiasmo infantil em mim.

Atividades propostas

Leia uma biografia de Madre Teresa.

Tire um dia de folga.

Ponha uma máscara ou disfarce-se durante um dia inteiro.

Leia poesia.

Vá brincar em um parque de diversões.

Faça um aviãozinho de papel.

Alugue um filme infantil.

Faça uma lista de todas as suas paixões, suas fantasias.

Visite um museu de cera.

Faça uma benevolência.

Inicie-se no paraquedismo.

Releia um livro que você adorava quando era criança.

Recupere uma foto sua em que encarne os atributos do Bobo ou Louco.

Procure em uma revista imagens que exprimam o Bobo; faça uma colagem com elas.

Leia o livro *Le lumineux destin d'Alexandra David-Néel* [*O Destino Iluminado de Alexandra David-Néel*], de Jean Chalon.

Assista ao filme *Uma Bela História*, de Claude Lelouch.

14 DESAFIO ESPIRITUAL – A DEUSA EM SI MESMA

A mulher portadora dos dons, das atitudes e virtudes do Louco acredita na reencarnação e desempenhou um papel de primeiro plano nas antigas civilizações. Livre das convenções e das normas desde seu nascimento, essa alma empreende um percurso espiritual capaz de lhe proporcionar o despertar ainda jovem.

Ela se engaja no estudo da mitologia, do budismo, do esoterismo, da gnose, da alquimia, da Cabala, das religiões comparadas. Em sua busca de Deus, ela retorna à religião de sua infância, descobre que é uma centelha divina e pode servir de canal para a Divindade. Seu desafio espiritual é beber da Fonte original, de comungar com a Presença – que chamamos Deus ou Deusa.

O MAGO
Mágico e aéreo

1 NÚMERO
UM. O ponto de partida. A base. A ideia. O princípio ativo. O yang. O criador. A germinação de alguma coisa. O processo de individuação. O *animus*.

2 CORRESPONDÊNCIA ASTROLÓGICA
Associo pessoalmente o Mago ao signo de Áries. Signo dinâmico, de iniciativa, dos começos, dos novos ciclos, de iniciação.

3 A MULHER ARIANA
Atributos do signo de Áries

ELEMENTO	ENERGIA	PLANETA
Fogo	Masculina e cardial	Marte

A mulher que tem o signo solar, o ascendente ou a Lua em Áries apresenta o intelecto muito desenvolvido, sendo capaz de análise e de concentração. Por vezes dominadora, a mulher ariana procura demonstrar seu poder. Ela tem necessidade de se medir com a matéria, as pessoas e os acontecimentos. A mulher de Áries é, por natureza, muito impaciente.

Dotada de magnetismo pessoal, ela não deixa ninguém indiferente e brilha naturalmente. Lúcida e muito consciente de seus desejos e necessidades, rápida em seus movimentos, ela tem muita dificuldade de ficar parada sem fazer nada. Cheia de energia criativa e de entusiasmo, a mulher ariana inicia constantemente novas atividades. Sua inspiração é irresistível. Ela ama experimentar, descobrir, construir, agir, se manifestar.

Bastante competitiva, a mulher de Áries procura ser a primeira e a melhor em tudo o que faz. Com um temperamento de chefe, ela espera alcançar a notoriedade, o respeito de todos e o reconhecimento de seus pares. Nem sempre consciente de seu valor, ela se tranquiliza no cumprimento de atos corajosos, mas a impaciência a faz perder muitas possibilidades.

Franca e aberta, ela peca muitas vezes pela falta de flexibilidade e de diplomacia. Seu desprezo pelas convenções e sua rudeza natural lhe rendem, por vezes, reação ofensiva dos outros. Como exprime seus desagrados, ela desperta animosidade à sua volta. Ela julga rapidamente e não se intimida em atacar quem a tiver ofendido. A mulher ariana raramente atua com diplomacia.

São recomendadas atividades nas seguintes áreas profissionais:

Sexologia, neurologia, cirurgia, manufaturas, geofísica, exploração, minas, Forças Armadas, máquinas, panificação, política, metalurgia, polícia, indústria, esportes, cabeleireiro, marcenaria, sapataria, costura, mecânica, atletismo, direção de um centro de condicionamento físico, brechó, venda de instrumentos médicos, teatro, oftalmologia, odontologia, inovação etc.

As cores benéficas à mulher de Áries são: todos os tons de vermelho e de verde.

Usar uma joia de prata ou engastada com um rubi é bastante benéfico a essa mulher e a tornará ainda mais sedutora.

A mulher de Áries deve temperar seus alimentos com cominho ou coentro, que melhoram sua circulação sanguínea. O aroma forte que escapa dessas ervas estimula seus centros nervosos e a ajuda na digestão.

4 FIGURA FEMININA: A DEUSA ATENA

Segundo a lenda, Atena, deusa grega, filha de Zeus e de Métis, nasceu de seu pai Zeus, que havia engolido Métis, sua esposa, quando ela estava prestes a parir. As imagens e as estátuas representam portanto uma armadura, munida da lança e do escudo. Embora ela seja feminina, Atena evoca uma deusa andrógina. Ela se envolvia em atividades tanto masculinas quanto femininas. Guerreira, ela simboliza igualmente a razão, tendo herdado de sua mãe astúcia, sabedoria, habilidade e engenhosidade. Símbolo de coragem e de justiça, Atena é muito mais frequentemente associada à diplomacia, às estratégias vitoriosas e às soluções engenhosas do que a manobras agressivas e desleais. Patrona de Atenas, Atena é venerada como deusa da tecelagem, da cerâmica e da costura, únicas atividades permitidas às mulheres na Grécia antiga.

5 A SAÚDE E O CORPO

A aparência física. A energia vital. Os reflexos. A cabeça. Os olhos. As orelhas. As meninges. A visão. As nevralgias faciais. As inflamações. A adrenalina. Os glóbulos vermelhos do sangue. As enxaquecas.

6 PALAVRAS-CHAVE

Magia. Destreza. Motivação. Projeto. Nascimento. Comédia. Estado febril. Astúcia. Potencial. Elã. Prestidigitação. Aprendizagem. Agilidade. Autonomia. Escolha. Poder. Criança. Milagre. Imaginação. Ideia. Mobilidade. Impulsividade. Cabeçada.

7 PERSONAGENS E ARQUÉTIPOS

Um homem. Um irmão. O marido. O amante. Um amigo. Um charlatão. Um mágico. Um ilusionista. Um caçador. Um caixeiro viajante. Uma grafista. Um sapateiro. Uma cozinheira. Um regente de orquestra. Uma comediante. Um estudante. Uma vizinha. Uma autodidata. Uma comerciante. Um artista de circo. Uma pioneira. Uma atleta. Uma aventureira. Uma telefonista. Um intérprete visual. Uma funcionária dos correios. Uma apostadora de loteria.

8 O MAGO E AS DÁDIVAS DO DESTINO

A mulher que manifesta os atributos do Mago é dotada de um intelecto bastante desenvolvido, é capaz de análise, de concentração e de cálculo. Sua busca é aquela do poder sobre si mesma e do poder no mundo. Essa mulher dinâmica tem necessidade de saber tudo sobre as coisas, as pessoas e os acontecimentos que ocupam seu cotidiano. Ela ama experimentar, descobrir, usar a lógica e o raciocínio para atingir seus fins. Seu magnetismo pessoal é imenso, como seu carisma natural. Ela é dotada de habilidades oratórias. Pouco importa o que faça, deverá sempre dedicar atenção aos detalhes. Essa mulher tem interesse em usar o poder das Deusas (o poder da magia) em sua vida cotidiana para guiar e influenciar as pessoas. Nascida para agir, a mulher Maga é instada a construir, criar e manifestar seu desejo de realizar seu destino. Mesmo que seja muito ocupada e muito ativa, reserva momentos de repouso para se recuperar.

Muito lúcida, a mulher Maga brilha naturalmente por sua curiosidade, seu senso de humor e sua capacidade de expressão. Seu magnetismo, sua alegria de viver e sua felicidade irradiam onde quer que ela esteja.

9 INTERPRETAÇÃO

Na carta do Mago aparecem os quatro elementos. A espada representa o ar e as atividades do espírito e da mente. O bastão representa o fogo, a energia, o poder e a ação criadora. A taça representa a água, a energia feminina, a receptividade. Por fim, a terra está representada pelas moedas, que associamos ao corpo, ao dinheiro e ao mundo físico e material.

O Mago pode significar, entre outras coisas, que:
Você começa um novo projeto.
Uma oportunidade se apresenta a você. Um emprego lhe é oferecido. Sua habilidade profissional é reconhecida.
Você se engaja em uma causa social, combate uma injustiça.
Você tem uma missão de vida para descobrir e cumprir.
Você toma consciência da existência de poderes mágicos no universo.
Você pode contar com a inspiração da Grande Deusa-Mãe para se realizar.
Você precisará, em breve, falar em público.
Aquilo em que você acredita vai se realizar.
Sua energia sexual se irradia. Você poderá atrair um parceiro.
Você tem um plano, um objetivo. Realize-o.
Um milagre está prestes a acontecer em sua vida.

10 MEDITAÇÃO

Devo assumir uma situação?
Tenho um livro, uma criança, uma empresa, uma casa, um projeto a criar?
Como injetar aí mais entusiasmo?
Será que tenho talentos que me recuso a explorar?

Sou independente ou sou joguete de alguém?

Qual é minha identidade pessoal? Quais são minhas qualidades, qual é meu potencial?

Será que conheço meus desejos, meus sentimentos, minhas necessidades?

Contra quem dirijo minha energia?

Meus objetivos são claros e realizáveis?

Por que saboto meus projetos?

Será que já fiz os esforços necessários para explorar os talentos que tenho?

11 AFIRMAÇÃO

Tenho à minha disposição os quatro elementos, o fogo (minha energia), a água (minhas emoções), a terra (meus cinco sentidos) e o ar (meu intelecto). Com a ajuda desses recursos, empreenderei meus projetos em...

12 SIMBOLOGIA ATUAL

A carta do Mago, ou Prestidigitador, simboliza o ser humano em crescimento, suas potencialidades tanto quanto suas ilusões.

O Mago tem em uma mão um bastão e, na outra, uma espada ou uma moeda. A mão é o instrumento primordial dos mágicos. Mais vivas e mais ágeis que o olho, as mãos, pela ilusão que engendram segundo a trajetória desenhada e os movimentos que executam, possuem o poder de modificar os fatos aparentes, embora o intelecto tenha o poder de talhar e de criar a realidade interior.

O bastão do Mago, como a batuta do regente de orquestra, é um instrumento que nos permite concentrar e dirigir nossa energia para um objetivo realizável. Antes de exercer a magia e poder fazer milagres, devemos consolidar nossa confiança em Deus. As disciplinas espirituais não nos ensinam que a fé move montanhas?

Nosso Mago interior nos permite observar, examinar, escolher e usar os pensamentos positivos que, ativados, nos levarão ao sucesso ou à derrota.

A palavra *magia* faz parte da imaginação. É esse o ingrediente de que necessitamos para criar nosso destino.

13 INTEGRAÇÃO
Meu santuário pessoal

Com a ajuda da concentração e da visualização, capto a energia da Deusa-Mãe e a utilizo para manifestar meu prodigioso potencial.

Atividades propostas

Crie, em sua casa, um espaço sagrado reservado para a meditação, para a visualização e a busca. Ajeite esse santuário no quarto de visitas, no sótão ou mesmo em um canto de seu cômodo preferido. Procure uma mesinha para servir de altar; sobre esse altar, instale um objeto que represente cada um dos quatro elementos:

Terra: plantas, ervas, flores, pedras e gemas;

Ar: incenso (salva), pena de pássaro;

Fogo: velas vermelhas de cera de abelha, bastão de mágico ou xamã;

Água: concha, taça cheia de água, caldeirão.

Ornamente seu altar com itens inspiradores. Fotos de férias, amuletos, joias de ancestrais, cartões postais, bibelôs de animais etc.

Estude magia.

Faça um curso de oratória.

Assista a uma conferência.

Inicie-se nas artes marciais.

Assista aos filmes do mágico Harry Potter.

Parta para uma aventura.

Engaje-se em uma prática espiritual.

14 DESAFIO ESPIRITUAL – A DEUSA EM SI MESMA

A mulher revelando os dons, as atitudes e as virtudes do Mago está consciente da interdependência de toda vida no universo, conhece os sistemas de correspondências e deseja dominar as leis cósmicas, confiante em sua boa estrela. Sua alma está impregnada das verdades da Lei divina e a voz de sua consciência a acompanha constantemente. Ela reencontra os guias espirituais que lhe abrem o poder da magia cotidiana e a incitam a descobrir e manifestar seus talentos únicos. Seu desafio espiritual consiste em explorar os elementos da matéria e dos poderes secretos do espírito, no aprendizado das palavras de poder e de sua transformação em atos.

A PAPISA
Sacerdotisa e sagrada

1 NÚMERO
DOIS. A carta da Papisa ou suma sacerdotisa é a de número 2.

É o algarismo da oposição: branco e preto, masculino e feminino. O dia e a noite. O alto e o baixo. O desconhecido. A ambivalência. O oculto. O inconsciente. O insondável. O princípio feminino.

2 CORRESPONDÊNCIA ASTROLÓGICA
O signo de Câncer, signo da maternidade. A água, elemento das emoções. Signo do inconsciente. Signo da infância, da vida interior. Signo da memória do tempo.

3 A MULHER DE CÂNCER
Atributos do signo de Câncer

ELEMENTO	ENERGIA	PLANETA
Água	Feminina e cardinal	Lua

A mulher que tem o signo solar, o ascendente ou a Lua em Câncer é muito sensível; é discreta, de comportamento reservado, calma e muito impressionável. Ela é frequentemente dotada do dom da vidência ou da telepatia.

A mulher de Câncer tem sonhos premonitórios, proféticos. Ela pode confiar em sua imaginação, em seus pressentimentos, suas intuições e sensibilidade para conduzir sua vida.

A canceriana teria amado viver na época vitoriana. Frequentemente, sua morada reflete as qualidades desse tempo passado. Para capturar a beleza e o charme desse período, ela se interessa por genealogia, história e antiguidades. Ela adora se abastecer de histórias. Dá preferência à leitura de biografias de mulheres célebres porque adora se imaginar no lugar delas, reivindicar suas façanhas e vibrar com suas emoções.

Dona de um forte instinto maternal, a mulher de Câncer adora seus filhos, mima-os exageradamente e os defende contra tudo e contra todos.

Essa mulher teme um futuro triste. Para sentir-se segura, ela investe em bens materiais. Se você é amiga de uma mulher canceriana, um dia vai vê-la forte e charmosa e, no dia seguinte, uma criança frágil e medrosa. Ela sofre as variações de seu estado psicológico oscilante conforme as fases da Lua.

Dotada de um radar extremamente sensível, a mulher de Câncer tem o poder de ler os sinais emanados pelo outro. Para agradar, essa mulher terna, amorosa, que tem o coração na mão, está sempre pronta a ajudar as pessoas ao seu redor, a encher a taça do outro, mas tem dificuldade de prover o necessário para si própria e pode morrer de fome socorrendo os vampiros e parasitas que se aproveitam de suas benesses.

São recomendadas atividades nas seguintes áreas profissionais:

Serviço público, educação, hotelaria, culinária, cuidados com crianças, enfermagem, imobiliária, teatro, navegação, ocultismo, vidência, nutrição, comércio de ervas medicinais, floricultura, artes (pintura, literatura e música), comércio relacionado com líquidos e bebidas, cafés e restaurantes, hospitais, casas de repouso, agências de viagem, curandeirismo, parteira.

As cores benéficas à mulher de Câncer são: todas as nuances de branco, cinza, azul e verde-claro. É interessante que use pérolas, uma pedra da lua ou joias de prata, pois todas essas preciosidades simbolizam a Lua, o astro que a rege.

Para se concentrar e se regenerar, a canceriana pode montar o que chamamos de um jardim de Maria, composto unicamente de plantas que levam o nome de Maria, como a erva-de-santa-maria (*Chenopodium ambrosioides*), erva-maria (*Ageratum conyzoides*), luvas--de-nossa-senhora, ou dedaleira (*Digitalis purpurea*), maria-milagrosa (*Cordiaverbenacea*).

Se tiver o hábito de acender incensos, dê preferência à essência de madeira de sândalo, que a ajudará a harmonizar seu lugar sagrado quando se dedicar aos seus rituais de vidência ou às suas práticas religiosas.

É recomendado que faça, ao menos uma vez na vida, uma peregrinação à Catedral de Chartres, à abadia de Vézelay ou a Rocamadour, e que se ajoelhe diante da Virgem negra, a Virgem dos druidas.

4 FIGURA FEMININA: A DEUSA SOFIA

Sofia fala dela mesma na Bíblia:

"O Senhor me criou, primícias de sua obra, antes de seus feitos mais antigos. Desde a eternidade fui estabelecida, desde o princípio, antes da origem da Terra. Quando os abismos não existiam, eu fui gerada, quando não existiam os mananciais das águas. Antes que as montanhas fossem implantadas, antes das colinas, eu fui gerada; ainda não havia feito a terra e a erva, nem os primeiros elementos do mundo. Quando firmava os céus, lá eu estava, quando traçava a abóbada sobre a face do abismo; quando condensava as nuvens no alto; quando enchia as fontes do abismo; quando punha um limite ao mar; e as águas não ultrapassavam o seu mandamento; quando assentava os fundamentos da Terra. Eu estava junto com ele como o mestre de obras, e eu era o seu encanto todos os dias, todo o tempo brincava em sua presença: brincava na superfície da Terra, e me alegrava com os homens" (Provérbios, 8, 22-31).

Na árvore cabalística, é denominada *Chockmah*, a Sabedoria, o Pensamento criativo, a Natureza, esposa de Deus e mãe de todas as coisas. Na tradição judaica, ela é *Shekhinah*: o rosto feminino de Deus. Entre os gregos, ela é a Ciência sagrada, a Gnose, a Filosofia, *Sophia*, aquela que encarna na Virgem Maria, engendrando o espírito do Cristo na pessoa física de Jesus.

5 A SAÚDE E O CORPO

O ciclo menstrual. A fecundação. A concepção. A gravidez. O nascimento. O crescimento. O subconsciente. A receptividade. O karma genético e espiritual. O feto. O estômago. Os seios e o ventre. O útero. A bulimia. As alergias alimentares.

6 PALAVRAS-CHAVE

Conhecimento inato. Poderes psíquicos. Silêncio. Segredo. Receptividade. Sonhos. Viagem astral. A alma. O *yin*. Ciclo menstrual. Humores. Intuição. Fecundação. Dissimulação. Passividade. Útero. Espera. Gnose. Pressentimento. Fertilidade. A Deusa-Mãe. O Feminino Sagrado. Sabedoria. Mistério. Profecia.

7 PERSONAGENS E ARQUÉTIPOS

A mãe. A esposa. A irmã. A amiga. A patroa. Uma mulher próxima. Um médium. Uma poetisa. Uma genealogista. Uma historiadora. Uma babá. Uma puericultora. Uma agricultora. Uma cuidadora. Uma governanta. Uma educadora de adultos. Uma psicóloga. Uma religiosa. Uma ginecologista. Uma antiquária. Uma arqueóloga.

8 A PAPISA E AS DÁDIVAS DO DESTINO

A mulher que manifesta os atributos da Papisa é naturalmente psíquica e receptiva às mensagens sutis. Durante a vida, ela explorará o desconhecido, estudará as tradições esotéricas e buscará compreender os mistérios da vida. Essa é uma mulher cheia de segredos, tranquila, reservada e possuidora de dons de clarividência. Muito dedicada ao estudo e ao ensino das coisas ocultas, ela irradia uma espécie de mistério em torno de si. É também hábil em fazer regressões a vidas passadas.

Introvertida, impressionável, deve tentar ficar indiferente às contingências do dia a dia.

Dona de uma memória excepcional, tem a tendência de viver no passado. Tem uma sabedoria natural e dons de curar, podendo ser uma maravilhosa conselheira. Será benéfico a ela aprender a interpretar seus sonhos.

Dona de grande empatia, tem o instinto maternal muito desenvolvido. Compreende perfeitamente as crianças e faz maravilhas junto aos adolescentes. Sua imaginação fértil a conduz a estados próximos do sonhar acordado; ela deve buscar momentos de paz e calma para se reencontrar e se centrar, porque não suporta o barulho; seu sistema nervoso é muito delicado.

Mulher vulnerável, muito emotiva, de temperamento muito mutável, ela detecta as motivações ao seu redor. Frequentemente enganada, ela atrai às vezes a maldade alheia, e deve aprender a se distanciar dos sofrimentos que encontra. É frequentemente mal compreendida. Sabe ouvir e é exímia em psicologia, porque é fascinada pelo subconsciente, a vida interior e a telepatia.

9 INTERPRETAÇÃO

A Papisa pode significar, entre outras coisas, que:

Você descobre a espiritualidade feminina baseada na adoração da Grande Deusa-Mãe.

Você se torna receptiva aos ciclos mensais da Lua.

Você estuda a genealogia de seus ancestrais.

Você começa a meditar.

Você deseja ter um bebê.

Você melhora suas relações com uma mulher – sua mãe, sua filha ou sua amiga.

Você aprende uma técnica de cura natural ou espiritual.

Você reencontra uma amizade perdida.

Você procura ter conhecimentos sobre herborismo.

Você conta com sua intuição para lhe guiar no dia a dia.

Você se interessa cada vez mais pelo ocultismo, pela psicologia das profundezas, pelos seus sonhos.

Você começa a escrever um romance.

Você faz uma visita a uma religiosa.

10 MEDITAÇÃO

Alguns elementos de sua vida parecem lhe escapar? Você tem a impressão de ser rodeada de energias secretas e incompreensíveis?

Você tem o sentimento de que alguma coisa vai se revelar? De que algo vai acontecer?

Conte sua experiência quando estiver segura.

Faça uma lista de todas as palavras que a fazem pensar na mulher.

Você conhece seus ciclos psíquicos, intelectuais, emotivos e espirituais?

Como utilizar sua intuição nesta etapa atual da sua vida?

Descreva-se em duas linhas. Esta é realmente você? Ou a visão que as outras pessoas têm de você?

Quais eram seus assuntos favoritos quando você era criança?

Como é a relação que você tem com sua mãe? A que se assemelhava essa relação quando você era jovem?

Descreva sua mãe o mais fielmente possível. Suas qualidades. Seus defeitos. O que ela lhe legou?

Recupere a lembrança de um dia particularmente abençoado que passou com sua mãe. Como poderia reencontrar hoje esse sentimento de plenitude?

11 AFIRMAÇÃO

Abro meu coração e meu espírito às mensagens que emergem em meu interior.

Escrevo minha história.

Era uma vez...

12 SIMBOLOGIA ATUAL

Hoje em dia, cada vez mais mulheres conquistam sua autonomia profissional, sua independência econômica, a esfera política, a formação universitária. É possível falar em liberação da mulher? Ao contrário, atualmente, a norma masculina invade o pensamento das mulheres. Como então definir a feminilidade, o poder feminino?

Vemos hoje em dia, segundo Sylvia Brinton Perera, um retorno à divindade feminina. Em seu livro *La Déesse retrouvée* [*A Deusa Reencontrada*], ela afirma que "o retorno à divindade, essa volta à fonte original de uma espiritualidade feminina, constitui um aspecto extremamente importante da busca da mulher moderna, à procura de sua plena identidade".

Cresce o número de mulheres que descobrem a espiritualidade feminina centrada na adoração da Grande Deusa. O renascimento do culto à Grande Deusa-Mãe começa a abalar as muralhas erguidas pelas religiões patriarcais, centradas sobre uma divindade masculina. Pela primeira vez em dois mil anos, o conceito de uma divindade feminina, pivô da criação, encontra uma ressonância favorável em mulheres e homens de boa vontade.

O alimento essencial que as mulheres encontram nesse culto religioso antigo lhes proporciona uma nova visão de si mesmas; elas se redescobrem corajosas, eremitas, selvagens, artistas, pacíficas, sábias, inspiradas. Elas reencontram a sabedoria interior que haviam perdido.

Jung nos chamou a atenção para o fato de que dois arquétipos opostos, mas complementares, habitam a Psique humana. O *animus* é a masculinidade inconsciente da mulher, enquanto a *anima* é a feminilidade inconsciente do homem.

Uma mudança de consciência se impõe a todos. Os homens e as mulheres precisam se desembaraçar do excesso de *yang* em sua vida pessoal, profissional e social. Homens e mulheres tirariam enorme proveito de um retorno aos valores femininos e da valorização de sua feminilidade interior.

A Papisa, arcano representante da Grande Deusa-Mãe, está voltando. Manifestar os atributos da Grande Mãe é nossa única possibilidade de sobrevivência.

13 INTEGRAÇÃO
Invocação da Grande Deusa-Mãe

Eu invoco a Grande Deusa-Mãe. Abro-me à sua inspiração, à sua sabedoria e à sua compaixão.

Atividades propostas

Sente-se com as costas alinhadas diante de uma imagem ou uma estátua representando a Deusa-Mãe. Respire profundamente durante alguns minutos.

Relaxe e invoque a Grande Deusa com a ajuda das palavras aqui sugeridas ou invente suas próprias palavras:

Personifico a Grande Deusa adorada por toda a criação.

Encarno a força feminina primeira e eterna.

Vibro nos ritmos da Lua, senhora de todas as magias.

Recebo as dádivas da Deusa dos mistérios e dos sortilégios.

Agradeço à Deusa os plantios e as colheitas.

Seus nomes são Ísis, Ártemis, Atena, Afrodite, Deméter, Perséfone, Héstia, Hécate, Sekhmet, Brigite, Oxum, Shakti, Tara, Amaterasu e Coatlicue.

Ela me dá a magia, o poder, a paz e a sabedoria.

Ela é a Mãe eterna e que me abençoa além de todas minhas esperanças.

Procure assistir ao vídeo *Sur les traces de La Déesse* [*Sobre os Vestígios da Deusa*], de Donna Read, distribuído pelo Office National du Film [Conselho Nacional de Cinema], do Canadá.

Aprenda a ler as linhas da mão.

Faça um curso de reiki, de hipnose ou de programação neurolinguística.

Comece a estudar Tarô, astrologia, numerologia, feng shui.

Compre um apanhador de sonhos.

Faça uma terapia de regressão a vidas passadas.

Aprenda a se lembrar dos sonhos e registre-os em um diário.

Escreva sua autobiografia.

Inicie-se em genealogia.

Visite um santuário dedicado a Maria.

14 DESAFIO ESPIRITUAL – A DEUSA EM SI MESMA

A mulher que revela os dons, as atitudes e as virtudes da Papisa está novamente no seio do portal do Santuário. Iniciada nos Mistérios de Ísis, ou nos cultos druidas em suas vidas anteriores, direcionada desde jovem à vida interior e à procura do divino, ela descobre que toda vida é manifestação do Espírito. Ela se dedica a voltar a ser uma Papisa, a voltar sua vida para a gnose, e a servir de mediadora entre os mundos profano e sagrado, para as pessoas comprometidas com o caminho espiritual. Mulher inspirada, dotada de uma consciência mediúnica e de dons de cura, ela se aprofunda nos estudos esotéricos, que lhe permitem responder à missão de despertadora de consciência e de guia espiritual. Seu desafio espiritual se realiza com a criação de uma comunidade dedicada à busca iniciática e à procura da Luz, bem como com a transmissão dos ritos, rituais e cerimônias aos iniciantes, permitindo a celebração das estações da alma e dos ciclos de regeneração.

A IMPERATRIZ

Majestosa e soberana

1 NÚMERO
TRÊS. 2 + 1 = 3. A união do 1 (Mago) e do 2 (Papisa). A ordem, a harmonia, o que nasceu dos dois primeiros números. Os três cérebros do ser humano: reptiliano (instinto), límbico (sentimentos) e o neocórtex (razão). O homem + a mulher = a criança. As três fases da existência: nascimento, crescimento e morte. A Tripla Divindade (Perséfone, a jovem filha, Deméter, a mãe, e Hécate, a sábia mulher idosa). As três fases do processo alquímico: a operação negra, a operação branca e a operação vermelha.

2 CORRESPONDÊNCIA ASTROLÓGICA
O signo de Touro (aspecto venusiano). O planeta Vênus. Afrodite, deusa grega; Vênus, deusa romana; Freyja, deusa escandinava. Símbolo do amor, do nascimento, do crescimento, da harmonia e das artes: a música, o canto, a poesia e a pintura.

3 A MULHER TAURINA
Atributos do signo de Touro

ELEMENTO	ENERGIA	PLANETA
Terra	Feminina e fixa	Vênus

A mulher que tem o signo solar, o ascendente ou a Lua em Touro apresenta muita vitalidade, uma forte constituição e uma grande resistência física, psicológica e espiritual. A mulher taurina tem necessidade de tocar as pessoas que ama, os animais, as plantas, os tecidos e as árvores. Tira grande proveito ao se dedicar a um programa de exercícios físicos, à natação, à corrida, a qualquer esporte, porque tem necessidade de ser notada e apreciada por sua forma, sua beleza e sua sensualidade.

A mulher de Touro adora os móveis refinados, as roupas elegantes, os ornamentos, os perfumes, a música envolvente. Ela acrescenta um toque de beleza a todos os seus gestos. Ela é frequentemente musicista, artista, *designer*, cantora, cabeleireira, esteticista ou florista.

Amável, calorosa, afetuosa, a mulher taurina tem o temperamento de uma vitoriosa. Ela aspira construir – uma casa, uma carreira ou um lar. Generosa, atraente, romântica, protetora, simpática, amante da paz e da harmonia, ela organiza seu entorno criando ambientes calorosos e convidativos.

Sensual, voluptuosa e apaixonada, a mulher de Touro, receptiva às melhores qualidades de Vênus, seu planeta governante, adora fazer amor. Sentimental e possessiva, ela raramente controla seu ciúme. Se vier a duvidar da fidelidade do seu parceiro, fará uma cena que ele jamais esquecerá.

Se ela lhe parece muito voltada à aquisição de bens materiais, lembre-se de que sua necessidade básica é a segurança.

São recomendadas atividades nas seguintes áreas profissionais:

Canto, dança, estética, horticultura, moda, costura, bijuteria, perfumaria, atividades rurais, botânica, herborismo, arquitetura, arte floral, *design* de interiores, restauração, culinária, venda de artesanato, arte oratória, artes dramáticas e cinema, fotografia, escultura, gravura, coreografia, belas-artes, marcenaria, joalheria, vidraria, cerâmica, desenho, pintura, museu, prendas domésticas.

As cores benéficas são: azul, verde, amarelo, tons pastel.

O óleo essencial de jasmim é bastante afrodisíaco; a mulher de Touro queimará um pouco em seu quarto, à noite, antes de se deitar.

4 FIGURA FEMININA: A DEUSA AFRODITE

Afrodite, deusa grega do amor, da beleza, da paixão amorosa e da fecundidade, é comparada à Vênus romana. Ela nasceu da espuma do mar. Esposa infiel de Hefaístos, que a surpreendeu em companhia de seu amante Ares (Marte para os romanos); para puni-los, Hefaístos os agarrou e prendeu com uma rede. Ela deu à luz o deus Eros (ou Cupido). A deusa Afrodite é a única deusa grega que aparece nua nas pinturas que a representam banhando-se dentro de uma concha. Por esse motivo é que se diz que as conchas (*coquilles*) Saint Jacques são afrodisíacas! Na Grécia e, mais tarde, na Sicília, os recém-casados ofereciam mel à deusa Afrodite, seguindo o preceito do poeta Empédocles: "É preciso tornar Afrodite receptiva fazendo uma oferenda de mel." E como é chamado, ainda hoje, o período que se segue ao casamento? *Lua de mel*!

5 A SAÚDE E O CORPO

O pescoço, a garganta, a tireoide e a laringe. A boca e a língua. As cordas vocais. As amígdalas. O paladar. Os cinco sentidos (sensualidade). A alimentação. A boa disposição. A voz. A beleza e a graça. A tez.

6 PALAVRAS-CHAVE

Opulência. Prosperidade. Suntuosidade. Doçura. Beleza. Harmonia. Fertilidade. Terra. Nascimento. Estética. Graça. Prosperidade. Corpo. Criatividade. Elegância. Alimento. Forma. Vegetação. Flora. Natureza. Paz. Alegria de viver. Paciência. Fidelidade. Constância. Ligação. Sofrimento. Sensualidade. Lentidão.

Luxúria. Erotismo. Prazer. Lazer e divertimentos. Fazer amor. Volúpia. Procriação.

7 PERSONAGENS E ARQUÉTIPOS

Uma mulher. Uma mãe. Uma irmã. Uma mestra. Uma cantora. Um manequim. Uma confeiteira. Uma colona. Uma pasteleira. Uma artista. Uma horticultora. Uma esteticista. Uma mulher grávida ou prestes a dar à luz. Uma mulher rica. Uma musicista. Uma professora de artes. Uma recreadora. Uma profissional da área de moda, costura, bijuteria ou perfumaria.

8 A IMPERATRIZ E AS DÁDIVAS DO DESTINO

A mulher que manifesta os atributos da Imperatriz possui um profundo amor pela natureza. Amável e afetuosa, ela sabe exprimir e criar beleza em sua vida e em torno dela. Dotada de inúmeros talentos artísticos, ela aprecia as artes e a cultura. Ela ama estar rodeada de belos objetos, vestir-se de forma elegante, buscando o conforto em tudo, e manifesta um gosto apurado pelo luxo. Anfitriã admirável, esta mulher adora receber e servir tudo o que for de mais delicado.

Charmosa e generosa, ela tem muita necessidade de ser admirada por sua beleza, seus talentos e sua sensualidade. Ela mantém o corpo em perfeita harmonia e é cuidadosa com sua saúde. Popular, desinibida, romântica, mesmo no dia a dia, ela tem necessidade de fazer uso de sua voz charmosa e de exercitar sua sensualidade.

Generosa, protetora, simpática, amante da harmonia e diplomata, quando precisa de paz e tranquilidade busca o repouso na natureza, perto de bosques, na montanha ou no campo.

Se for pouco evoluída, terá a tendência de usar seu charme para manipular as pessoas que encontra, porque tem necessidade constante de amor e aprovação.

9 INTERPRETAÇÃO

A Imperatriz pode significar, entre outras coisas, que:

Você deve ficar em contato com seu corpo e sua sensualidade.

Você está prestes a gerar um projeto, uma ideia, uma pessoa, você mesma.

Você se abre à beleza que existe em você e ao seu redor.

Você muda a decoração da sua casa. Renova seu guarda-roupa.

Alguma coisa ou alguém será gerado.

Você irá atrás de sua visão. Alimentará seu sonho.

Você terá vontade de fazer um curso de literatura ou de pintura.

Você demonstrará compaixão para com uma pessoa de suas relações.

Você dará início a uma formação em culinária vegetariana.

Você fará um curso de massoterapia.

10 MEDITAÇÃO

Pense em um objeto que você acha bonito. Descreva-o em detalhes.

Imagine-se andando dentro de uma grande loja, não importa qual. Você pode pegar dez artigos. Sem pagar. O que escolherá?

Você tem o poder de modificar todas as partes do seu corpo que não lhe agradam. O que mudaria?

Você recebeu uma dose da poção do amor. Como se sente?

Descreva seus partos. O que aprendeu tornando-se mãe?

Você está preparando uma receita de pão. Descreva a experiência em poucas palavras.

Imagine ser um manequim dentro de uma vitrine. O que está vestindo? O que as pessoas que olham dizem de você? Os comentários que fazem correspondem à sua verdadeira natureza?

Você tem o desejo de ser mãe? Você gosta de ser massageada?

Você está nua na presença da pessoa amada. Descreva como se sente.

Sua definição de beleza evoluiu com o passar dos anos?

Em que ocasiões você se acha a mais bonita? E a mais feia?

11 AFIRMAÇÃO

Eu sou a mulher, eu sou a mãe, eu sou o amor, eu sou a beleza e a graça. Eu dou vida a...

12 SIMBOLOGIA ATUAL

A Imperatriz representa a Mãe Terra. Ela anuncia fecundidade, fertilidade, nascimento, abundância, renovação, crescimento, prosperidade e plenitude. Ela é a mãe-filha em cada um de nós.

Ela nos estimula a entrar em contato com nosso corpo e nossa natureza sensual. Há muito tempo, a beleza, a paixão e a energia sexual das mulheres eram sagradas. Acolher, acalmar, fazer amor, gozar, parir, nutrir uma criança eram momentos abençoados por deuses e deusas que lembravam a nossos ancestrais sua verdadeira origem, a Grande Deusa-Mãe.

Nossa cultura atual avilta a sexualidade feminina e mesmo a maternidade. Hoje em dia, o corpo feminino faz parte do domínio público. Observemos o furor manifestado por algumas pessoas contra o aborto, a proibição da amamentação em público, a pornografia galopante, o destaque dado a jovens Lolitas, o descarte de mulheres desfrutáveis. As mensagens veiculadas pela nossa cultura judeu--cristã mataram a energia de Afrodite, a deusa do amor, da sexualidade e da fecundidade.

A Imperatriz nos faz lembrar que toda sexualidade esconde poderes mágicos. A energia sexual bem canalizada nos torna criativos. A vitalidade e o ardor emanados pela Imperatriz quando ela aparece em nossa vida abrem um ciclo de criatividade. Nós podemos então dar início a um relacionamento, gerar uma criança, virar presidente de uma organização, escrever um livro, pintar um quadro, começar a aprender música, fazer uma viagem desbravadora etc.

13 INTEGRAÇÃO
Minha beleza natural

Cada célula do meu corpo e do meu espírito acredita na beleza e na santidade. Eu amo e nutro meus projetos até sua concretização.

Atividades propostas

Faça uma máscara de beleza.

Visite um jardim.

Compre uma planta ou um arbusto.

Visite uma galeria de arte, um museu de ciências naturais.

Compre um livro de arte.

Visite uma creche.

Inscreva-se em um ateliê de aquarela.

Faça uma consulta com uma esteticista.

Faça amor.

Receba ou faça uma massagem.

Tome um banho perfumado com a essência *ylang-ylang*.

Compre um *lingerie* elegante.

Compre um espelho bonito.

Prepare um pão ou conservas.

Arranje um namorado.

Recolha as receitas familiares e distribua-as.

Compre uma joia com uma esmeralda encravada.

Torne-se madrinha de uma campanha de aleitamento materno, passando seus conhecimentos para novas mães.

14 DESAFIO ESPIRITUAL – A DEUSA EM SI MESMA

A mulher que revela os dons, as atitudes e as virtudes da Imperatriz consagra sua vida à elevação do nível cultural da alma humana com amor, generosidade e compaixão. Arquétipo da Mãe cósmica, essa mulher, vibrante nos níveis sutis de percepção, utiliza sua intuição natural e seu nível de consciência elevado no desenvolvimento e no exercício de sua imaginação ativa e criativa. De natureza ardente, apaixonada e espiritual, ela trilha um caminho iniciático dedicando-se à dança, às artes marciais ou à abordagem tântrica da sexualidade. Seu desafio espiritual se completa com a encarnação de um modelo feminino de sabedoria, convidando os aprendizes no caminho da iniciação a exprimir o amor e a beleza, servindo-se de frutos da natureza para fabricar uma obra-prima imortal.

O IMPERADOR

Autoritário e real

1 NÚMERO
QUATRO. Esse algarismo representa o mundo psíquico, o mundo material, a estrutura, a ordem. O 4 é o número quadrado. Ele é fechado, equilibrado, sólido, estável. Simboliza o princípio masculino. O 4 é um número racional. Os quatro pontos cardeais; os quatro elementos; as quatro estações; as quatro operações matemáticas. As quatro funções psicológicas, segundo Jung, são: a intuição (fogo), a percepção (terra), o pensamento (ar) e o sentimento (água).

2 CORRESPONDÊNCIA ASTROLÓGICA
O elemento terra. O signo de Touro (o aspecto terrestre em oposição ao aspecto venusiano).

3 A MULHER TAURINA
Atributos do signo de Touro

ELEMENTO	ENERGIA	PLANETA
Terra	Feminina e fixa	Vênus

A mulher que tem o signo solar, o ascendente ou a Lua em Touro, apresenta muita vitalidade, uma forte constituição e uma grande resistência física, psicológica e espiritual. A mulher taurina tem necessidade de tocar as pessoas que ama, os animais, as plantas, os tecidos e as árvores. Tira grande proveito ao se dedicar a um programa de exercícios físicos, à natação, à corrida, a qualquer esporte, porque tem necessidade de ser notada e apreciada por sua forma, sua beleza e sua sensualidade.

Amável, calorosa, afetuosa, a mulher taurina tem o temperamento de uma vitoriosa. Ela aspira construir – uma casa, uma carreira ou um lar. Generosa, atraente, romântica, protetora, simpática, amante da paz e da harmonia, ela organiza seu entorno criando ambientes calorosos e convidativos.

Sensual, voluptuosa e apaixonada, a mulher de Touro, receptiva às melhores qualidades de Vênus, seu planeta governante, adora fazer amor. Sentimental e possessiva, ela raramente controla seu ciúme. Se vier a duvidar da fidelidade do seu parceiro, fará uma cena que ele jamais esquecerá.

Se ela lhe parece muito voltada à aquisição de bens materiais, lembre-se de que sua necessidade básica é a segurança.

São recomendadas atividades nas seguintes áreas profissionais:

Canto, dança, estética, horticultura, moda, costura, bijuteria, perfumaria, atividades rurais, botânica, herborismo, arquitetura, arte floral, *design* de interiores, restauração, culinária, venda de artesanato, arte oratória, artes dramáticas e cinema, fotografia, escultura, gravura, coreografia, belas-artes, marcenaria, joalheria, vidraria, cerâmica, desenho, pintura, museu, prendas domésticas.

As cores benéficas são: azul, verde, amarelo, tons pastel.

O óleo essencial de jasmim é bastante afrodisíaco; a mulher de Touro queimará um pouco em seu quarto, à noite, antes de se deitar.

A mulher de Touro adora móveis refinados, roupas elegantes, ornamentos, perfumes e música envolvente. Ela acrescenta um toque de beleza a todos os seus gestos. É comum ser musicista, artista, *designer*, cantora, cabeleireira, esteticista ou florista.

4 FIGURA FEMININA: A DEUSA HERA

Hera, deusa grega, era esposa de Zeus, o rei dos deuses. Deusa do casamento e protetora das mulheres, ela é frequentemente representada na arte grega em pé, com o rosto voltado para seu marido, que está sentado. Os gregos antigos a veneravam por sua lealdade e sua fidelidade a Zeus, o infiel. Seu nome, derivado dos radicais gregos *he/era*, significa "terra" e representa o heroísmo do feminino. Entre os romanos, que acreditavam que cada homem possuía um poder particular denominado *Genius*, ela era identificada como a deusa Juno. Hera-Juno governa os ciclos psicológicos da mulher – a jovem, a mãe e a idosa sábia. Sob o nome de Juno Moneta (de onde vem a palavra *moeda*), a estátua da deusa se ergue à entrada do grande templo, o Capitólio.

5 A SAÚDE E O CORPO

A energia vital. A assimilação e o crescimento. A obesidade. Os tumores. O pescoço, a garganta, a tireoide, a laringe. A boca e a língua. As cordas vocais. As amígdalas.

6 PALAVRAS-CHAVE

Vitalidade. Firmeza. Segurança. Ordem. Organização. Praticidade. Estruturação. Capitalismo. Construir. Fundar. Autoridade. Comando. Concreto. Masculinidade. Vontade. Dominação. Ditadura. Repressão. Posse. Razão. Entendimento. Responsabilidade. Obstinação. Negócios. Comércio. Equilíbrio. Empresa. Estabilidade.

7 PERSONAGENS E ARQUÉTIPOS

O pai. O marido. Um homem. O patrão. Um homem ou uma mulher de negócios. Um ditador. Uma pessoa limitada. O avô. Um homem rico. Um investidor. Um empresário da construção. Um diretor de empresa. Um adversário. Um banqueiro. Um funcionário. Um administrador. Um burguês. Um financista. Um atacadista. Uma arquiteta.

8 O IMPERADOR E AS DÁDIVAS DO DESTINO

A mulher que manifesta os atributos do imperador tem um grande apego aos valores do pai ou do marido. Em psicologia feminina, Linda Schierse Leonard, psicanalista norte-americana, a chama de "a filha de seu pai". Essa mulher tem senso de autoridade, tem a energia de um chefe. Sente constantemente a necessidade de conquistar, de subjugar, de manipular, para atingir seus fins, que são, na maioria, referentes ao domínio material. Respeitadora das convenções e das tradições, ela procura atingir seus objetivos, tanto no campo profissional quanto social. Inovadora, enérgica e obstinada, ela inventa e cria coisas tangíveis e duráveis. Sua energia atrai o respeito e a confiança das pessoas sob sua autoridade. Precisando sempre de desafios, ela acredita que a vida não lhe dá o bastante. Como o Imperador, ela muitas vezes se sente investida de poderes notáveis.

Dotada de uma vitalidade incomum e de uma forte constituição, ela geralmente desfruta de uma boa saúde física e mental. Costuma se interessar pouco pelo aspecto espiritual de sua vida.

Calorosa, vitoriosa, nasceu para comandar e usa adequadamente suas aptidões de chefia para conseguir que o trabalho em foco seja realizado. Ela sabe exatamente o que deseja fazer e o faz rapidamente e bem. É uma grande pioneira, que demonstra ter muita confiança nela mesma e adora muitas vezes aparentar um ar triunfante. Não tem medo da complexidade da tarefa a ser cumprida, tendo aprendido o senso de responsabilidade na dura escola da vida. Para ela, a atividade física é muito importante. Essa mulher pode ir muito longe em seu caminho material e atingir os mais altos picos. Liberada, competitiva, é uma mulher de negócios, uma mulher que constrói sua vida passo a passo.

9 INTERPRETAÇÃO

O Imperador pode significar, entre outras coisas, que:

Você exprime ou tem de suportar certa rigidez.

Alguém ao seu redor tenta ter controle sobre tudo.

Por que você tem medo? O que teme?

Você reprime suas emoções.

Seu *animus* (polo masculino da mulher) tenta se exprimir de modo criativo. É seu polo extrovertido, criativo, ativo e estruturado. Será uma pura potencialidade que parece emergir? Como exprimi-la? Criando suas próprias obras-primas ou criticando as obras alheias?

Você tenta conquistar a estabilidade material?

Sua pouca abertura a outros planos, que não o material, impede sua evolução?

Você está tentando construir alguma coisa sólida?

Precisa tomar alguma decisão grave sem pedir conselho a seu parceiro?

10 MEDITAÇÃO

Descreva-se como se fosse um homem.

Descreva o que é a virilidade para você e o homem ideal.

Descreva seu ambiente de trabalho.

Escreva uma curta biografia de seu pai.

Você conhece um homem liberado? Do que ele se libertou nos dez últimos anos?

Você é a autora de alguma coisa? Criou alguma obra, uma criança, uma empresa, uma casa?

Escreveu algum livro, fundou uma empresa, fez alguma escultura, pintou algum quadro nos últimos cinco ou dez anos?

Você sente necessidade de tomar consciência do seu corpo, de praticar exercícios físicos?

Como está seu trabalho, suas economias, seu plano de carreira, suas aplicações financeiras, seu plano de aposentadoria?

Que potencialidade física, psicológica ou financeira você ainda não explorou?

Você baseia sua identidade pessoal e seu valor em suas posses?

11 AFIRMAÇÃO

Eu tenho o talento, a força, o poder, a energia e a disciplina para visualizar e concretizar meus maiores desejos. Estou começando a construir, hoje,...

12 SIMBOLOGIA ATUAL

O arquétipo do Imperador simboliza o mundo material, o núcleo do poder viril, o domínio do fazer, oposto àquele do ser, responsabilidade do feminino. O terreno no qual o Imperador atua é o lugar da matéria e da máquina, em oposição a tudo o que é vivo. A matéria não é negativa. É o excesso de tecnologia que é perigoso. O conflito entre a matéria e aquilo que vive se instala quando o social ultrapassa o biológico e as relações humanas perdem sua erotização.

O homem impôs um mundo de metal, de técnica, de abstração e de lógica. O homem criou também um padrão para as ideias e estabeleceu as regras para sua concretização. O imperialismo masculino invadiu as esferas mais secretas da vida humana.

Neste momento, o princípio masculino se manifesta ainda muito frequentemente pelas guerras, pelo avanço da tecnologia e pela violência. Parece ainda haver um enorme conflito entre os poderes e os privilégios do homem e da mulher. A ordem estabelecida, a lei, a razão e a rigidez enfrentam inúmeras dificuldades de conviver com a abertura de espírito e a paixão.

É necessário não esquecer, principalmente, que a mulher e o homem são essenciais à criação. São a base de todas as realizações, sociais, culturais e científicas. A cada vez que se concebe uma obra, se manifesta ali a criação, induzindo ao simbolismo do parto. Para que isso aconteça, temos necessidade do Imperador e da Imperatriz.

13 INTEGRAÇÃO
Minhas realizações pessoais

Uso minha sabedoria inata e minha habilidade natural em tudo o que faço no dia a dia.

Atividades propostas

Construir uma casa.

Fazer uma grande faxina.

Comprar uma casa.

Costurar uma roupa.

Estabelecer novas regras de vida.

Ler o livro de Robert Bly, *L'Homme sauvage e l'Enfant* [*O Homem Selvagem e o Elefante*].

Fazer uma lista dos homens que admira.

Telefonar para seu pai ou para um amigo, pedindo que ele diga qual é a qualidade masculina mais importante.

Fazer um pão ou um bolo.

Visitar uma barragem hidrelétrica ou um museu geológico.

Ler a biografia de um fundador de um império industrial ou comercial.

Fazer uma aplicação financeira.

Matricular-se em um curso de trabalhos manuais ou de mecânica de automóveis.

Visitar o Parlamento.

Apadrinhar uma criança necessitada.

14 DESAFIO ESPIRITUAL – A DEUSA EM SI MESMA

A mulher que revela os dons, as atitudes e as virtudes do Imperador é levada desde jovem a se engajar na ação e a assumir responsabilidades cívicas, sociais ou políticas. Sólida como uma rocha, ela está, por outro lado, destinada às reivindicações e lutas e à tarefa de criar e manter, no mundo, um desejo de paz. Em outras encarnações, ela construiu um império ou adicionou sua pedra na construção da humanidade. Inspirada por uma consciência solar e caracterizada por ideais fora do comum, esta alma evoluída cumpre seu desafio espiritual encarnando um ideal de liderança em sua comunidade. Ela dá apoio a outras mulheres e as ajuda a descobrir seu lugar e seu papel no universo, a tomar conhecimento do projeto divino para elas e a realizar a plenitude de seu ser.

O SUMO SACERDOTE (O PAPA)

Mediador e guia

1 NÚMERO

CINCO. O número do pentagrama, estrela de cinco pontas. O número da quintessência. Os cinco sentidos; os cinco dedos da mão. Esse algarismo vai além dos quatro pontos cardeais, dos quatro elementos, das quatro funções psicológicas. O cinco simboliza a manifestação da espiritualidade no ser humano.

2 CORRESPONDÊNCIA ASTROLÓGICA

Saturno e o signo de Capricórnio. Esses dois arquétipos representam a ordem, a moral, os dogmas e a lei. Símbolos da política e da religião.

3 A MULHER CAPRICORNIANA
Atributos do signo de Capricórnio

ELEMENTO	ENERGIA	PLANETA
Terra	Feminina e cardinal	Saturno

A mulher que tem o signo solar, o ascendente ou a Lua em Capricórnio é uma contemplativa ativa, para quem a lei e a ordem são valores essenciais.

Autodidata, ela é inteligente, capaz de proceder à análise e à síntese.

Dotada de uma energia transbordante, é trabalhadora, criativa, obstinada, discreta e constante. Sua dignidade e sua elegância são admiradas.

Enérgica, ela persegue seus próprios interesses, quer sejam eles do mundo dos negócios, da política ou social. Paciente e disciplinada, ela demonstra muita capacidade de concentração e também um sentido de organização fora do comum para realizar seus objetivos. Para a mulher de Capricórnio, o *status* e o poder são importantes. Ela tem bastante ambição e quer que a sociedade se beneficie com seus talentos. Às vezes é negligente em suas responsabilidades familiares, em benefício de sua vida profissional.

Ela tem interesse por história antiga, antropologia, ocultismo, pelos cultos primitivos e matrilineares e pela arqueologia.

Quando evoluída e introvertida, capta mensagens sutis pela voz de sua consciência. Naturalmente curiosa, bem organizada, paciente, ela é fascinada pela busca espiritual. Em geral silenciosa, ao mesmo tempo humilde e orgulhosa, a mulher capricorniana acumula as forças vivas na meditação, retirando-se em seu santuário, rezando e trabalhando por sua evolução. Voltada para seu íntimo, ela aspira descer de sua montanha, viver uma existência simples e ajudar os outros colocando seus talentos a serviço deles.

São recomendadas atividades nas seguintes áreas profissionais:

Agronomia, trabalhos rurais, arquivos, osteopatia, odontologia, lei, política, educação, religião, pesquisa, escultura, impressão, trabalho social, negócios, bancos, função pública, brechó, geologia, arquitetura, biblioteconomia etc.

As cores benéficas à mulher de Capricórnio são: cinza, preto, marrom-escuro e verde. Todo o domínio mineral está sob a influência de Saturno, o planeta de Capricórnio, e a pedra benéfica à mulher capricorniana é a safira azul.

A mulher de Capricórnio pode sofrer de artrite e de constipação. Beber todos os dias uma infusão que misture malva, alcaçuz e unha-de-gato será benéfico. As propriedades medicinais dessas plantas a ajudarão a superar a inflamação das articulações e ativarão seu intestino diariamente.

4 FIGURAS FEMININAS
A PAPISA JEANNE

Segundo a lenda, uma inglesa, nascida em Mayence e vivendo em Roma disfarçada de homem, teria conseguido o título de papa quando da morte de Leão IV, em 855, e teria permanecido no trono pontifical por dois anos. Seu disfarce teria sido descoberto quando ela pariu um menino. Ela teria sido arrastada à rua, apedrejada até a morte e enterrada em uma cova comum. A historiadora francesa Claude Pasteur cita em seu livro *La papesse Jeanne* [*A Papisa Jeanne*] que "Bento III, sucessor reconhecido de Leão IV, reinou por dois anos e meio, como o reinado presumido de Jeanne". Segundo a historiadora, "após apurados estudos e reflexões, a hipótese de que Bento III tenha sido de fato a papisa Jeanne se mostra suficientemente plausível para ser aceita". Quer a papisa Jeanne tenha existido ou não, um estranho costume passou a ser observado quando da eleição de um novo papa: os candidatos ao papado deviam sentar-se nus sobre uma banqueta sem almofada, para que pudessem ser vistos através de um buraco no assoalho pelos cardeais reunidos na sala abaixo. Os cardeais anunciavam oficialmente: "O candidato tem testículos e eles pendem como se espera."

HILDEGARDE DE BINGEN, mística e herborista medieval

Não se ouviu falar muito de Hildegarde de Bingen antes de 1985. Talvez em virtude da longa tradição "antifeminista" no seio da Igreja católica. A Igreja via Hildegarde de Bingen como uma rebelde – os estereótipos medievais descreviam a mulher na Idade Média como sendo dócil e iletrada! Após séculos de esquecimento, ela está de novo em cena. Nascida em 1098, às margens do Reno, beneditina, poetisa, profetisa, mística, escritora e herborista, nós a redescobrimos nos dias de hoje sobretudo por meio de seus poemas e sua música, cujos discos se vendem aos milhares no mundo inteiro. É possível encontrar atualmente mais de cinquenta discos com as músicas de Hildegarde de Bingen à venda no mercado!

Em seu livro *Hildegarde de Bingen*, Régine Pernoud afirma que "Hildegarde de Bingen, apelidada como a Sibila do Reno, é considerada na Alemanha, de forma mais do que justa, a mãe da botânica, dos herbanários e da medicina natural, cujos tratados exercem ainda considerável influência entre os especialistas".

O mosteiro fundado por Hildegarde de Bingen em Eibingen, onde são conservadas suas relíquias, foi destruído no século XVII e reconstruído no século XIX.

Em 1998, a Alemanha, sua terra natal, festejou com grande pompa o 900º aniversário de seu nascimento.

5 A SAÚDE E O CORPO
A esterilidade. A depressão. A menopausa. O envelhecimento. O esqueleto. Os ossos. Os joelhos. A artrite e a artrose. Doenças crônicas.

6 PALAVRAS-CHAVE
Religião. Filosofia. Espiritualidade. Expansão da consciência. Autoridade. Julgamento. Controle. Repressão. Limitação. Moral.

Dever. Conselho. Intolerância. Fanatismo. Dogmatismo. Legalização. Superioridade. Consciência. Mediação. Disciplina espiritual. Hierarquia. Sistemas. Culpabilidade. Crenças. Ditadura.

7 PERSONAGENS E ARQUÉTIPOS

Um orientador de consciência. Uma psicóloga. Uma psiquiatra. Um personagem sentencioso. Um padre. Um médico. Uma política. Um professor. Um ministro. Uma conselheira. Uma diplomata. Um árbitro. Uma juíza. Uma monja. Um chefe espiritual.

8 O SUMO SACERDOTE E AS DÁDIVAS DO DESTINO

Intuitiva, sensível às impressões sutis que capta da natureza e das pessoas, a mulher que manifesta os atributos do Sumo Sacerdote ama aconselhar e ensinar.

Seu sentido religioso ou espiritual é muito desenvolvido. Esta mulher aceita a sabedoria do seu guia interior. Antes de escolher um método para seu despertar, ela estuda diferentes tradições religiosas e espirituais. Desde muito jovem ela soube que os tesouros da Terra nada são em comparação aos dons do Céu. Bastante atraída pela vida cheia de pompas, ela adora o teatro, a música erudita, os cerimoniais, as recepções diplomáticas. Estando facilmente em contato com a informação que emana do seu interior, ela é bastante sensível e receptiva ao olhar das pessoas que demonstram conhecimentos esotéricos ou uma sabedoria espiritual.

Durante sua vida, ela visitará catedrais, templos, igrejas. Atraída pela filosofia e pelo misticismo, poderá realizar, em algum momento de sua vida, uma peregrinação a lugares santos que se confirmará iniciática.

É uma mulher reservada e tranquila. Paciente, leal, fiel e demonstrando uma capacidade de ouvir excepcional, ela espera o mesmo tratamento por parte dos outros.

Determinada, perseverante, ávida por aprender as dimensões material e espiritual da vida, ela sente a necessidade de planejar antes de agir. Essa mulher é comparável, por sua força e solidez, a um pilar feminino.

9 INTERPRETAÇÃO

O Sumo Sacerdote pode representar, entre outras coisas, que:

Você está iniciando uma busca espiritual.

Suas escalas de valores, suas ideias ultrapassadas ou suas convicções pessoais, sempre muito categóricas, indispõem as pessoas contra você.

Você deve ficar atenta para não impor seus pontos de vista ou ditar sua lei.

Aprenda a escutar os outros e a aceitar os pontos de vista diferentes dos seus.

Talvez seja necessário você reconhecer os limites em que sua liberdade pessoal se choca com a dos outros. Não tente impor a quem quer que seja a sua verdade considerando-a como um ideal.

Você poderá colocar em prática maravilhosas capacidades de ensinamento, de serviço aos outros.

Você faz uma consulta a um psicólogo ou busca algum outro recurso pessoal.

Você faz parte de um grupo de oração ou de espiritualidade.

Você coloca em prática seus conhecimentos da Tradição espiritual primordial.

10 MEDITAÇÃO

Descreva Deus. Em alguma área de sua vida, você se toma por Deus?

É o Papa, realmente, o representante de Deus?

Com que propósito você reprova a si mesma? Por quê? Quem a encarregou disso?

Quem pune você neste momento? Por quê?

Você pratica alguma religião? Faz parte de algum grupo de espiritualidade? Por quê?

Conte as impressões que teve na primeira vez em que entrou em um templo ou uma igreja.

Que acontecimentos sociais influenciaram sua atitude em face da religião?

Você procura, seriamente, respostas filosóficas às questões que se coloca?

Como você é capaz de expressar sua própria filosofia, sua visão pessoal da vida, seus ideais espirituais?

Você está seguindo algum caminho espiritual? Aonde, segundo você, ele vai levá-la?

11 AFIRMAÇÃO

Honro a dimensão espiritual de minha vida. Ela me conduz a...

12 SIMBOLOGIA ATUAL

O arquétipo do Papa ou Sumo Sacerdote representa nossas tradições religiosas. Para os católicos, o Papa personifica Deus; ele encarna a autoridade divina.

Atualmente, as regras impostas pelo Papa são questionadas. Muitos católicos não acolhem todos os seus decretos porque consideram sua maneira de conduzir a instituição católica muito repressiva. A Igreja católica perdeu muito de sua credibilidade. Enquanto aparecem nas manchetes dos jornais denúncias de abusos sexuais e pedofilia perpetrados por membros do clero em muitas dioceses do mundo inteiro, o Papa condena a contracepção, reprova os homossexuais e as pessoas divorciadas e lhes proíbe o acesso aos sacramentos. Será que temos ainda necessidade de um Papa cujas ideias são tão desatualizadas, tão deslocadas do seu tempo?

Hoje alcançamos um estágio em que a tecnologia, o consumo desenfreado e os valores materiais nos distanciam cada vez mais de nossa natureza espiritual. Outras funções, mais importantes que a fé e a confiança em uma religião, nos interpelam. Como descobrir rotas inéditas, novas pistas de caminhos espirituais, a fim de encontrar um sentido para nosso destino?

Hoje em dia, muitas pessoas se voltam para as espiritualidades orientais, como o budismo e o hinduísmo, ou outras disciplinas espirituais, como o xamanismo, para satisfazer suas necessidades de buscar um sentido. Algumas se deixam seduzir por gurus e se aventuram em seitas em que perdem sua identidade, seu dinheiro e até mesmo sua vida. Outras bebem da Fonte sagrada dedicando-se à ação social e comunitária, a fim de criar uma nova sociedade. Essas pessoas engajadas militam pela preservação das espécies vegetais e animais ameaçadas de extinção, pelos direitos dos trabalhadores, pela proteção às crianças e aos desabrigados, pela compaixão pelos doentes, pela assistência aos moribundos, pelo retorno à simplicidade voluntária etc.

Como construir o mundo espiritual ansiado por André Malraux quando ele escreveu: "O século XXI será espiritual ou não será?" Em nossos corações estão a força e a alegria que nos permitem diminuir o sofrimento do mundo. Como acreditar ainda no céu, se a terra se torna um inferno?

13 INTEGRAÇÃO
Minha sabedoria inata

Abro meu coração à minha sabedoria interior e me dedico a uma causa social ou humanitária.

Atividades propostas

Tornar-se membro de um grupo de espiritualidade.

Rezar em uma igreja.

Ensinar alguma técnica ou arte a alguém.

Criar um grupo de auxílio mútuo.

Estudar o xamanismo ou qualquer outra tradição religiosa.

Consultar um terapeuta.

Iniciar uma caminhada espiritual.

Aprender meditação.

Compartilhar seus conhecimentos e sua experiência tornando-se um orientador.

Ir a Roma.

Visitar uma igreja de orientação religiosa diferente da sua.

Ler um livro que aborde as religiões de maneira comparativa.

Lançar-se na política.

Engajar-se em alguma causa social ou humanitária.

Procurar um mestre espiritual.

Iniciar uma pesquisa sobre a Cabala, o sufismo ou o hesicasmo.

Descobrir a gênese das santas Escrituras.

14 DESAFIO ESPIRITUAL – A DEUSA EM SI MESMA

A mulher revelando os dons, as atitudes e as virtudes do Papa empreende uma busca com o objetivo de ganhar sabedoria. Com muita frequência, no decorrer de sua vida, ela aspira viver experiências místicas, pressente sua conexão com o divino e recebe, durante seus sonhos, a visita de anjos. Predisposta aos valores religiosos, essa alma foi exposta, em sua infância, a diferentes correntes espirituais, visitou templos, mesquitas e catedrais e assistiu a rituais iniciáticos, desenvolvendo assim uma consciência universal do Sagrado. Seu desafio espiritual consiste em se colocar no caminho da iniciação, em se submeter às provações e em escalar os patamares corajosamente. Chegando ao topo da montanha, ela dá testemunho de seu despertar aos companheiros de caminhada e os ajuda em sua ascensão em direção ao Ser essencial.

O ENAMORADO

Carnal e espiritual

1 NÚMERO
SEIS. Este é o número da prova, da escolha, da oposição, da ambivalência. O 6 pode escolher tanto o bem quanto o mal. É igualmente o número da opressão, da angústia, da luta e das dificuldades.

2 CORRESPONDÊNCIA ASTROLÓGICA
O signo de Gêmeos, signo da indecisão, da dualidade, da separação. Signo do ar, do mental, do intelecto.

3 A MULHER GEMINIANA
Atributos do signo de Gêmeos

ELEMENTO	ENERGIA	PLANETA
Ar	Masculina e mutável	Mercúrio

A mulher que tem o signo solar, o ascendente ou a Lua em Gêmeos é provida de um sistema nervoso muito delicado. Ela tem muita dificuldade para relaxar. Brilhante, bastante expressiva, a mulher geminiana é extremamente hábil em seus domínios, que exigem agilidade mental e verbal. Mulher de espírito vivo, intuitivo, a mulher de Gêmeos se interessa pela literatura e é perfeitamente dotada para o aprendizado de idiomas estrangeiros.

Amável, original, apaixonada, comunicativa, mas, frequentemente, dispersiva, a mulher de Gêmeos procura tudo conhecer, tudo compreender. Ela quer acumular muita informação, mas lhe falta o senso prático e nunca sabe como utilizar, com conhecimento de causa, toda essa bagagem de dados, fatos e ensinamentos acumulados.

Dada à depressão, a mulher de Gêmeos se esforça constantemente para escapar de seu tédio. Por vezes, faltam-lhe a concentração e a tenacidade na busca de seus objetivos.

Curiosa, aberta, generosa, a mulher geminiana precisa aprender a fazer escolhas judiciosas em relação a seu parceiro, seu trabalho ou suas amizades. Pense o que pensar, não será se divorciando que ela encontrará um parceiro melhor que aquele que tem. A alma irmã que ela deseja é apenas um fantasma que habita seu espírito.

Para combater a depressão que a espreita, a geminiana acolhe a variedade em sua vida. Ela evita a rotina viajando regularmente e se divide entre inúmeros interesses ao mesmo tempo. É necessário que se lembre de que tem necessidade de parar e viver uma vida mais contemplativa.

De tempos em tempos, a mulher de Gêmeos se rebela contra o *status quo*. Ela resiste à autoridade e despreza as convenções e as regras da sociedade. Envelhecendo, ela aprenderá a cooperar e a repartir, e apreciará os frutos do trabalho coletivo.

São recomendadas atividades nas seguintes áreas profissionais:

Comédia, vendas, publicidade, literatura, jornalismo, edição, desenho, direito, linguística, negócios, grafismo, televisão, crítica teatral, artesanato, secretariado, contabilidade, redes sociais eletrônicas, educação, engenhos mecânicos, correios, economia.

As cores benéficas à mulher de Gêmeos são: o cinza e os azuis metálicos, os tecidos com estampa *pied-de-poule* (pé de galinha), xadrez, rajado, quadriculado, *pois* (bolinhas), flores, ramagens. Variedade!

A mulher de Gêmeos cultivará lavanda se tiver um jardim ou colocará sachês de lavanda em seus armários de roupas.

4 FIGURA FEMININA: PSIQUÊ

Psiquê é uma palavra de origem grega que significa ao mesmo tempo alma e borboleta, resultante sem dúvida nenhuma da crença de que os seres humanos se transformam em borboletas entre duas encarnações. Em *Metamorfoses* (ou *O Asno de Ouro*), o autor Apuleio, no século II, conta a lenda de Psiquê, uma jovem de beleza incomparável, amada de Eros e representada com asas de borboleta. Na célebre história, Psiquê desperta a inveja mórbida de Afrodite, que não tolerava que outra mulher recebesse o título de *a mais bela* do universo. Afrodite encarrega pois seu filho Eros de matar a jovem Psiquê. No entanto, Eros se apaixona por ela. Temeroso de desafiar sua mãe tão abertamente, Eros prende Psiquê em seu reino. Afrodite, percebendo que Psiquê ainda estava viva, lhe impõe uma série de provas para verificar se ela era merecedora do amor de um deus. Escolher grãos lhe ensina o discernimento. Desembaraçar um velo de ouro, tirar água do poço com um copo de cristal e aprender a domar sua generosidade recusando ajuda a certas pessoas e, finalmente, produzir um creme de beleza para Afrodite constituem duras provas para Psiquê, que deverá fenecer em seu antigo eu antes de renascer. Psiquê foi ajudada, na realização de suas tarefas, pelas formigas, pelos caniços das águas e pelos pássaros. Cada um de seus ajudantes era um aliado do deus Eros, que podemos ver no alto da carta de Tarô do Enamorado. Do amor de Psiquê e Eros nascerá uma filha chamada Prazer. A narrativa mitológica do amor entre a jovem mortal Psiquê e o deus Eros exprime alegoricamente tanto a união da alma e do corpo, que chamamos de *casamento sagrado* nos textos alquímicos, como a transformação dos amantes por força de seu amor.

5 A SAÚDE E O CORPO

Todos os órgãos que existem em dobro no corpo. Os dois hemisférios do cérebro. Os dois pulmões. A coordenação dos dois olhos, dos dois ouvidos. Os dois ombros. Os dois braços. As duas mãos. Asma. Bronquite. A respiração. Os nervos intercostais. Os problemas de fala.

6 PALAVRAS-CHAVE

Dualidade. Adolescência. Instabilidade. Escolha. Androginia. Ligação. Caminhos cruzados. Tergiversações. Parceria. Cooperação. Livre-arbítrio. Separação. Aventura. Tentação. Divórcio. Sentimentalismo. Promessa. Sedução. Juventude. Flerte. Relação sentimental. Disputas amorosas. Despedaçamento. Indecisão.

7 PERSONAGENS E ARQUÉTIPOS

Um casal. Uma adolescente. Um parceiro. Uma poliglota. Uma conferencista. Uma sedutora. Uma consultora. Uma comediante. Uma vendedora. Uma amante. Uma calígrafa. Uma pessoa indecisa. Um escritor. Uma editora. Um lobista. Um conquistador. Um estudante.

8 O ENAMORADO E OS DONS DO DESTINO

A mulher que manifesta os atributos do Enamorado é uma pessoa que quer tudo conhecer, tudo compreender e tudo experimentar. Ela aprende, observa e registra durante toda a vida. Frequentemente, ela é dada à dispersão. Amável, comunicativa, curiosa, aberta, generosa, apaixonada pela liberdade, ela tem necessidade de mudanças de ambiente, de estabelecer constantemente novas relações para que se sinta viva.

Essa mulher busca sem cessar a alma gêmea, o parceiro ideal. Durante sua vida, ela estabelecerá, provavelmente, mais de uma relação sentimental.

Ela pratica a busca do conhecimento e se dedica a diferentes aprendizados, de forma infindável. Essa mulher cerebral sonha acumular cada vez mais informações, mas lhe falta muitas vezes o senso prático para tratar e utilizar os dados coletados.

Dona de hábitos finos, ela possui inegáveis facilidades verbais e literárias. Para ela, comunicar é essencial. Ela adora ler, ir a *vernissages*, ao teatro e ao cinema, sendo a vida intelectual e cultural necessária para que mantenha seu bom humor.

Parar de vez em quando para viver uma vida mais contemplativa faria bem ao seu sistema nervoso tão delicado.

9 INTERPRETAÇÃO

O Enamorado pode significar, entre outras coisas, que:

Você está diante de uma escolha dolorosa no amor ou nos negócios.

Você está só e precisa assumir inteiramente as consequências de sua escolha.

Você está experimentando dificuldades em sua relação sentimental.

Você acaba de conhecer um novo parceiro.

Você procura harmonizar os múltiplos aspectos de determinada situação.

Você tenta se entender com uma pessoa muito diferente de você.

Você precisa escolher entre a segurança e o risco, entre o respeitável e o imoral.

Você precisa se reservar um tempo e um espaço para a contemplação.

Você poderá meditar sobre as diferentes formas de amor.

Você está sentindo falta de estimulação verbal e intelectual por parte do seu companheiro.

10 MEDITAÇÃO
Como poderia definir minha relação sentimental?

Como sou tratada por meu parceiro? Esta relação espelha aquilo que sinto em relação a mim mesma?

Que escolha, que decisão devo tomar? Por que venho hesitando?

Descreva três relações sentimentais que cultivou em sua vida. Você tem a impressão de que elas eram da mesma natureza?

O que espera de sua relação amorosa?

O que proporciona a seu parceiro?

Escreva o que sentiu após romper uma relação amorosa.

Há alguns problemas que não ousa abordar com seu parceiro?

Que medos, que inseguranças, que obsessões a impedem de se entregar ao amor?

11 AFIRMAÇÃO
Paro de fazer críticas a mim mesma, paro de me sentir culpada, paro de fazer comparações, recupero a confiança no amor e decido...

12 SIMBOLOGIA ATUAL
Uma canção popular cuja letra é de Eddy Marnay nos fala que: *"Para viver junto é preciso saber amar / E eu nada terei que não seja dado / Dois amantes à noite / E dois amigos de dia / Eis como se ama pela vida."*

Para mim, o lirismo dessa música simboliza plenamente o arquétipo do Enamorado. Atualmente, o arcano do Enamorado evoca um casal cujos dois parceiros se sentem atraídos e sensuais.

Este arcano representa a atração sexual entre os seres humanos. É essa energia que tece os momentos mágicos do amor – quando há eletricidade no ar. É um estado de encantamento. A energia que passa de uma pessoa para a outra é carregada de erotismo. Nesse reino encantado das primeiras emoções amorosas e sexuais, as sensações físicas e os *frissons* sensuais dos dois parceiros atingem seu paroxismo.

O personagem masculino aparece ante um dilema no arcano do Enamorado. Essa figura nos lembra a necessidade que os parceiros têm de fazer escolhas ao longo de toda a sua relação sentimental, para aprofundar seu amor e sua união. Para viver harmoniosamente nossas relações amorosas, devemos renunciar às nossas dúvidas, nossas expectativas e nossas críticas.

A carta do Enamorado nos diz que o amor não se realiza senão com a rendição íntima a nós mesmos e com a união com o outro dentro de nós. Não podemos realizar o casamento sagrado sozinhos. O outro é, para cada um de nós, um igual e um espelho.

13 INTEGRAÇÃO
Meus amores

Experimento o amor por mim mesma de modo semelhante ao que sinto pelos meus próximos.

Atividades propostas
Inicie-se no tantrismo.
Receba um tratamento de polaridade.
Case-se.
Seduza alguém.

Flerte com alguém pelo telefone.

Chame seu primeiro amor.

Apaixone-se.

Cumprimente uma pessoa desconhecida.

Faça amor.

Perdoe.

Comece a escrever um livro.

Inscreva-se em um curso de dicção.

Aprenda um idioma exótico.

Compre um telefone celular.

Estude uma literatura estrangeira.

14 DESAFIO ESPIRITUAL – A DEUSA EM SI MESMA

A mulher que revela os dons, as atitudes e virtudes do Enamorado tenta equilibrar e reconciliar nela mesma os elementos *yin* e *yang*. Ela mostra profundo respeito à constatação da tensão entre seu *animus* e a *anima* do seu parceiro. Esclarecida e sábia, ela faz sua a ordem divina que nos cobra ser fecundos e nos multiplicarmos. Receptáculo sagrado, taça do Graal, encarnação da Deusa, praticando o tantrismo em companhia do seu parceiro, esta mulher se entrega à sexualidade e a transforma em experiência reveladora. Seu desafio espiritual se realiza com o alinhamento da energia de sua Kundalini por meio de exercícios psíquicos e corporais, por exemplo, a respiração consciente, yoga e tantrismo. Realizada essa prova jubilar, ela compartilha sua experiência com outras mulheres, revelando-lhes seus segredos e ensinando-as a maneira de realizar o casamento interior entre a Sofia e o Cristo.

O CARRO

Guerreiro e vitorioso

1 NÚMERO
SETE é o número sagrado. Ele marca um fim. É um número dinâmico. Deus repousou no sétimo dia, o dia santo, aquele que simboliza o remate do mundo. É o número que leva a um triunfo, a uma situação benéfica, a um pico de consciência.

2 .CORRESPONDÊNCIA ASTROLÓGICA
O signo de Sagitário. O Sol e Júpiter combinados. Essas duas energias são ativas, expansivas e conquistadoras.

3 A MULHER SAGITARIANA
Atributos do signo de Sagitário

ELEMENTO	ENERGIA	PLANETA
Fogo	Masculina e mutável	Júpiter

A mulher que tem o signo solar, o ascendente ou a Lua em Sagitário é uma pioneira. Enérgica, entusiasta, de espírito brilhante, ela nasceu para inspirar, motivar e influenciar. Xamã dos novos tempos, ela alcança frequentemente um nível elevado de desenvolvimento espiritual. Ama repartir e trocar com as pessoas evoluídas. A mulher de Sagitário reencontra seu guia em seus sonhos, acredita em suas mensagens, conhece seu anjo da guarda e possui o dom da profecia.

Nós a encontramos em geral nos espaços abertos. Ela encontra muito prazer em acampar, em dormir sob as estrelas, em longas caminhadas, em escalar montanhas. Sente necessidade do ar puro, de caçar e pescar, de praticar equitação. Ela ama a aventura sob todas as formas. Prefere viver no campo, longe da agitação das cidades e do barulho das ruas.

Facilmente encolerizável, idealista, ela tem uma visão clara dos acontecimentos. Combate a injustiça e se mobiliza para proteger a vida de todas as formas.

Apaixonada pela liberdade, a mulher de Sagitário aspira sempre ampliar seus horizontes, de qualquer maneira. É ela a primeira a querer experimentar qualquer coisa nova e a buscar excitação na vida cotidiana.

São recomendadas, para ela, atividades em todas as áreas profissionais relacionadas a movimento, exercício físico e espiritualidade:

Atleta, ginasta, dançarina, maratonista, nadadora, esquiadora. Publicitária, professora universitária, editora, exploradora, agente de comércio internacional, missionária, filósofa, vidente, teóloga, intérprete e advogada.

As cores benéficas à mulher sagitariana são: o azul-escuro e todos os tons de malva ou violeta. Sua pedra da sorte é a turquesa.

Ela adora comer brioches de canela e pães perfumados com noz-moscada e gengibre. Essas especiarias de forte aroma contribuem para alimentar seu fogo interior e sustentar sua vontade.

4 FIGURA FEMININA: ÁRTEMIS

Deusa grega identificada entre os antigos romanos como Diana, a poderosa caçadora, Ártemis é a filha de Zeus e da ninfa

Leto, e irmã gêmea de Apolo. Munida de arcos e de flechas, escoltada por ninfas e ursos, ela vaga pelos bosques durante a noite. Jamais dominada, correndo por montes e florestas, essa deusa virgem (isto é, pertencendo apenas a si mesma) representa a natureza selvagem. As jovens gregas eram consagradas à deusa Ártemis a partir dos 9 anos de idade. Eram jovens discípulas, chamadas ursas. Elas se cobriam de peles de ursos quando dançavam no templo dedicado a Ártemis.

A DEUSA CELTA EPONA

Epona é bastante conhecida na tradição celta. Seu nome tem significado relacionado a *cavalo*. A deusa é acompanhada de um ou de muitos cavalos. Deusa dos cavalos, Epona era venerada pelos cavaleiros romanos, que contribuíram para propagar seu culto. Era a única deusa gaulesa a ser oficialmente venerada em Roma e era ela quem protegia a saúde e a fertilidade dos cavalos; era festejada durante um festival consagrado a ela.

5 A SAÚDE E O CORPO
O movimento. Os acidentes vasculares. As câimbras musculares. Cinetose. O senso de orientação. As funções musculares e motoras. A circulação do sangue. O exercício físico. A osteopatia.

6 PALAVRAS-CHAVE
Viagem. Carro. Independência. Competência. Comando. Sucesso. Vitória. Triunfo. Superioridade. Habilidade. Chefe. Bravata. Ego inflado. Missão. Autonomia. Extroversão. Sociabilidade. Competência. Conquista. Progresso. Mobilidade. Vontade férrea. Combate. Disciplina. Posse.

7 PERSONAGENS E ARQUÉTIPOS
Uma diplomata. Uma diretora de empresa. Um conciliador. Uma ativista. Um caixeiro viajante. Uma amazona. Uma atleta. Uma embaixatriz. Uma mulher política. Uma senadora.

8 O CARRO E AS DÁDIVAS DO DESTINO
A mulher que manifesta os atributos do Carro é uma pessoa tenaz e determinada. Ela procura descobrir, aceitar e realizar sua missão na Terra. Patriota em seu íntimo, ela persegue o bem-estar de sua família e de sua comunidade. É uma anfitriã perfeita e sua casa reflete a elegância e o bom gosto.

Ela exprime o calor, o amor e a compaixão a todas as pessoas que encontra. Forte, bem-educada, é possuidora de um reservatório de energia onde pode se abastecer a todo momento. Um espírito são em um corpo são, esse é seu lema, e, sob o comando de sua alma, ela é capaz de reconciliar as necessidades do corpo e do espírito com o objetivo de atingir os mais altos graus de desenvolvimento material e espiritual.

Esta mulher adora viajar, explorar outras culturas, outros lugares, outros caminhos, para expandir sua consciência. Dona de tato, diplomata, ela tem forte inclinação para a vida pública ou para as questões sociais e terá sempre bons contatos com seus colaboradores. É a pérola rara em uma grande organização; suas qualidades de dirigente e seu senso de justiça são inestimáveis.

9 INTERPRETAÇÃO
O Carro pode significar, entre outras coisas, que:
Você tem a impressão que triunfou sobre algo ou alguém.
Você venceu suas dúvidas e suas angústias.
Agora você está segura de si mesma e de sua missão.
Você tem cada vez mais confiança em seu próprio valor.

Você saiu de dentro de si, de seu refúgio, de seu silêncio para descobrir as múltiplas oportunidades que se abrem para você.

Você assume o comando de sua vida.

Você deu voz a todas as facetas de sua personalidade.

Você confrontou seus monstros interiores e fez deles seus aliados.

Depois de um longo período de reflexão, você parte para a ação.

10 MEDITAÇÃO

Você tem pressa de viver grandes aventuras interessantes? Quais são elas?

Gostaria de começar uma viagem agora? O que a impede?

Que tipo de férias você prefere? Uma caminhada na floresta? Navegar de caiaque? Ir se esticar em praias ensolaradas? Partir para uma aventura solitária?

Permite-se relaxar quando persegue um objetivo importante?

Quem tem as rédeas de sua vida?

Sente necessidade de se movimentar, de se afastar?

Será que precisa de um programa de condicionamento físico?

Considera-se competente em todos os domínios de sua vida?

É capaz de confiar na Mãe Divina ou tenta controlar tudo sozinha?

Gostaria de ocupar um posto de comando ou de poder?

11 AFIRMAÇÃO

Reconheço e respeito minha necessidade de movimento e de conquista e manifesto minha vontade para realizar meus objetivos. Começo, a partir de hoje, a...

12 SIMBOLOGIA ATUAL

O arcano do Carro nos chama para viajar, para a evasão, a conquista de novos espaços. Nós não precisamos ir muito longe para nos evadir. Para ganhar o mundo, pode ser suficiente apenas abrir um livro, ligar o rádio, ver televisão ou ouvir um orientador.

Mas há um território mais importante que devemos explorar. Esse lugar está dentro de nós. Visitar essa terra inexplorada incentiva o início de nossa viagem espiritual, de nosso processo de individuação. O périplo dos seres humanos segue sempre o mesmo roteiro? Certamente, não! Alguns roteiros conduzem a vias sinuosas, onde o caminho é perigoso, estreito, escorregadio, tortuoso, algumas vezes impraticável; pode nos levar a alguns impasses. Ao longo de nossa peregrinação, certas pessoas tomam atalhos seguindo bandeiras de sinalização, sinais luminosos, de paradas, de direções proibidas ou de circulação bloqueada. Durante nosso percurso, nos deslocamos, caímos, escorregamos, nos levantamos. Muitas vezes, ficamos dando voltas no mesmo lugar!

Perseguimos nosso caminho mesmo que, muitas vezes, estejamos desorientados, fragmentados, incapazes de nos concentrar e de tomar decisões. Viajando ao interior de nós mesmos, nos deixamos ir, purificamos nossas emoções e deixamos explodir nossa dor para tomar posse dela. O sofrimento se torna nosso companheiro de vida e favorece a solidão e a compaixão ao olhar do outro. O que nos é exigido na última etapa da nossa vida, se tivermos atravessado bem as anteriores, é acolher nossos demônios interiores, repartir nossas aquisições, conceder nossa compaixão aos mais infelizes que nós, antes de nos engajarmos em um novo ciclo.

13 INTEGRAÇÃO
Meu percurso espiritual

Deixo-me guiar por meu coração e utilizo minha vontade para realizar meu destino espiritual.

Atividades propostas

Durante um dia inteiro, imagine-se vivendo em uma cidade estrangeira. Observe, escute, esteja atenta a cada detalhe, curiosa a respeito de tudo e entusiasta à vista das pessoas. Descreva sua experiência em um caderno de anotações.

Inscreva-se em uma aula de esgrima.

Faça um passeio de carruagem ou de carroça.

Faça um piquenique.

Participe de uma visita guiada em sua própria cidade.

Faça um passeio de bicicleta.

Vá a cursos de hipismo.

Alugue os filmes *Ben-Hur* ou *Carruagens de Fogo*.

Vá a alguma exposição de carros antigos.

Descubra um país estrangeiro.

Visite um lugar histórico ou famoso de sua região.

Alugue um filme do Super-homem.

Percorra o caminho de Santiago de Compostela.

Corra uma maratona.

14 DESAFIO ESPIRITUAL – A DEUSA EM SI MESMA

A mulher que revela os dons, as atitudes e as virtudes do Carro transborda de entusiasmo. Dona de um espírito criativo, inspirada e inspiradora, ela adere à doutrina esotérica afirmando que o ser humano é constituído de quatro corpos: o físico, o emocional, o mental e o espiritual. Ela se deixa governar por sua intuição e sua fé e busca aliados para começar a viver o instante presente. Pela prática da atenção a si mesma, ela não sucumbe aos automatismos do ser humano inconsciente. Sua busca a conduz à exploração dos fenômenos psíquicos, a viajar entre os mundos terrestre e celeste, vibrando nos níveis sutis de consciência. Ela cumpre seu desafio espiritual revelando, por exemplo, a outras pessoas também em busca de um caminho que elas podem se emancipar das limitações de sua vida e triunfar sobre as eventualidades do destino.

A JUSTIÇA
Equilibrada e justa

1 NÚMERO
OITO. O número do equilíbrio cósmico. Um 8 deitado representa, na matemática, o Infinito. O número das causas e dos efeitos. É o número da ordem e da harmonia da natureza.

2 CORRESPONDÊNCIA ASTROLÓGICA
O signo de Libra, cujo planeta governante é Vênus. O signo da meditação e da cooperação.

3 A MULHER DE LIBRA
Atributos do signo de Libra

ELEMENTO	ENERGIA	PLANETA
Ar	Masculina e cardinal	Vênus

A mulher que tem o signo solar, o ascendente ou a Lua em Libra, procura ver e compreender os dois lados de uma situação antes de formar uma ideia. Ela procura sempre equilibrar sua avaliação, seu orçamento ou seu julgamento. Escrupulosa e detalhista em seu relacionamento com os outros, ela demonstra às vezes um comportamento rígido e arrisca dizer às pessoas como elas devem se comportar em sociedade.

No amor, ela é romântica e calorosa. Em suas relações sentimentais, a sensualidade não lhe basta; ela espera que seu parceiro a estimule intelectualmente. Charmosa, é dona de uma bela voz, gosta de agradar, e usa sua diplomacia nos negócios ou no domínio privado. Muito dotada para a dança, o desenho, a pintura e a cerâmica, ama colecionar preciosidades e obras de arte. Suas percepções estéticas são bastante desenvolvidas e ela privilegia muitas vezes o parecer no lugar do ser. É uma apaixonada pela música, pela arte, cultura e fotografia.

A mulher de Libra ama as reuniões, as festas, os contatos sociais. Bastante sensível à falta de harmonia ao seu redor, ela não suporta os desentendimentos e pode mesmo ficar doente ao se expor muito frequentemente a situações conflituosas.

Libra é governada pelo planeta Vênus, assim nomeado em homenagem à deusa do amor e da beleza, Afrodite-Vênus; esta mulher graciosa aspira criar a harmonia em sua vida privada e profissional, deseja que tudo fique em ordem, dá provas de sensualidade, de voluptuosidade e de paixão.

Se for menos evoluída, pesará sempre os prós e contras de cada situação, medirá o que dá, manipulará e controlará o que a rodeia.

São recomendadas atividades nas seguintes áreas profissionais:

Direito, política, mediação, relações assistenciais, dança, *design* de interiores, música, joalheria, fotografia, pintura, função pública, contabilidade, comunicação, espetáculo, área social e comunitária, costura, cabeleireiro, arte floral.

Os perfumes à base de rosa, de baunilha e de *ylang-ylang* realçam a nobreza e a feminilidade da mulher de Libra.

4 FIGURA FEMININA: TÊMIS E MAAT

Têmis, deusa do panteão grego, casou-se com Zeus, o deus poderoso, que a introduziu no Olimpo. Da união deles nasceram as Moiras, as filhas do destino. A tarefa essencial de Têmis era guardar as 22 leis que governam o universo. A deusa, representada com os olhos tampados para significar a imparcialidade da justiça, velava para que as leis fossem respeitadas. Seus dois atributos são o gládio e a balança. A espada corta quando uma lei é transgredida, a balança equilibra.

No Egito antigo, Têmis era conhecida como Maat. Ela representava a justiça, a verdade e a lei. Seu símbolo era a pena, o que a liga ao elemento ar e aos pássaros. Maat cuidava dos mortos no limiar do outro mundo e tinha a responsabilidade de pesar suas faltas e suas boas ações. Para desempenhar essa tarefa, Maat colocava a pena que sempre carregava sobre a cabeça em um dos pratos da balança e o coração da pessoa falecida no outro. O coração não devia pesar mais do que a pena do pássaro.

5 A SAÚDE E O CORPO

Os intestinos e a constipação. A vesícula, os rins, as toxinas. As dietas e os regimes. A irrigação do cólon. As plantas laxativas. As doenças psicossomáticas. As ervas medicinais. As essências florais do dr. Bach. A higiene e os cuidados com o corpo.

6 PALAVRAS-CHAVE

Justiça. Honestidade. Exatidão. Assiduidade. Legalidade. Ordem. Conflitos. Responsabilidade. Harmonia. Decisão. Consciência. Consequências. Processo. Lógica. Coordenação. Contratos. Negociações. Arbitragem. Organização. Administração. Reflexão. Julgamento. Injustiça. Equidade. Análise.

7 PERSONAGENS E ARQUÉTIPOS

Uma advogada. Uma juíza. Uma administradora. Um funcionário. Uma policial. Uma pessoa divorciada. Uma contadora. Um empregado do Ministério da Fazenda. Uma agente de imigração. Uma agente de *probation* (supervisão judicial). Uma criminologista. Uma diplomata. Um jurado.

8 A JUSTIÇA E AS DÁDIVAS DO DESTINO

A mulher que manifesta os atributos da Justiça é uma pessoa que compreende a lei do karma, a lei de causa e efeito. Ela procura ver e compreender os pontos de vista de diferentes pessoas antes de construir uma ideia global de um projeto ou de um empreendimento. Apreciadora dos contatos sociais, esta mulher se engaja em atividades comunitárias ou sociais para partilhar seus ideais e dar sua contribuição. Possuidora de tato, de diplomacia e de um senso estético bastante desenvolvido, esta mulher equilibrada está sempre pronta a defender ou a ajudar as pessoas maltratadas ou submetidas a graves injustiças.

Ela preconiza a não violência e a dignidade humana em toda situação de conflito. Sempre em movimento, ela parte em cruzada para defender os direitos humanos, a paridade salarial, a vida e preservação dos animais, o meio ambiente e toda causa que exija justiça e equilíbrio.

9 INTERPRETAÇÃO

A Justiça pode significar, entre outras coisas, que:

Você precisa pesar os prós e os contras em relação a uma decisão que precisa tomar.

Você sente a iminência do karma em sua vida. Esse karma pode tomar a forma de um processo, de um divórcio, de uma doença grave.

Você pode equilibrar suas energias praticando uma disciplina espiritual: yoga, zen, artes marciais.

Você aceita sua quota de responsabilidade em relação ao que lhe acontece – quer seja um divórcio, a perda de um emprego, uma mudança de casa ou uma doença.

Você compreende os ciclos naturais da vida, as leis naturais, e se ajusta – quer isso aconteça no plano alimentar, emotivo ou financeiro.

Você está prestes a integrar todas as suas subpersonalidades; você dá a palavra a todas essas vozes que falam dentro de você.

Você empreende procedimentos legais. É seu direito fazê-lo.

Você tem uma fé cega na justiça humana.

Você utiliza dois pesos e duas medidas quando precisa examinar uma situação. Lembre-se da frase bíblica: Não julgueis para não serdes julgados.

Falta-lhe equilíbrio em suas atividades cotidianas. Você trabalha muito e não repousa o suficiente.

Você se submete a um exame médico.

Você recebe uma advertência ou uma reprimenda no trabalho.

10 MEDITAÇÃO

Será que possuo toda a informação necessária para fazer uma escolha clara em relação a uma decisão que devo tomar em breve?

Será que compreendo a lei da retribuição?

Sou imparcial em meus julgamentos?

Devo começar um regime alimentar?

Tenho necessidade de equilibrar meus ganhos e meus gastos?

Devo conter meus impulsos, medir minha energia, evitar os excessos?

Devo punir ou recompensar as pessoas que me rodeiam?

Dou provas de compaixão ante as excentricidades alheias?

Será que devo desistir de um negócio, assinar um contrato ou um arrendamento?

Será que minha relação sentimental ainda me convém?

11 AFIRMAÇÃO
Aceito minha responsabilidade em relação às minhas escolhas e decisões. Sou verdadeira, justa e equilibrada; eu reflito e decido. Isso me leva a...

12 SIMBOLOGIA ATUAL
Atualmente, como podemos discorrer sobre a justiça, a ética, a liberdade e o direito? Podemos ainda ter confiança nos diferentes sistemas de justiça? Parece que praticamente no mundo inteiro os tribunais decidiram dar prioridade aos direitos econômicos e comerciais em detrimento dos direitos à paz, à preservação da natureza e à vida.

Como podemos meditar sobre o simbolismo da justiça? Em primeiro lugar, nossa tarefa primordial consiste em esquadrinhar nossa força motriz e nossas ações, sem reserva. Em seguida, devemos examinar de modo objetivo os diferentes aspectos e os ganhos e perdas verdadeiros das situações com que somos confrontados no cotidiano, a fim de descobrir o fio condutor de nossa vida e nossa parcela de responsabilidade no cumprimento do nosso destino. Carl Jung nos lembra que "aquilo que nunca quisemos saber sobre nós mesmos volta a nos confrontar como destino".

Quais as perguntas que devemos nos fazer se estamos em luta com a justiça humana? Por outro lado, devemos analisar meticulosamente nossos pensamentos e nossos atos. Esse estado de reflexão exige uma profunda honestidade em relação a nós mesmos. Estamos em vias de nos vingar de uma afronta virulenta, de um ataque a nossos privilégios?

Defendemos uma justiça de dois pesos e duas medidas? É legítimo fazer valer nossos direitos contra as injustiças sofridas sem antes nos perguntarmos se não negamos ao outro os mesmos privilégios que reclamamos para nós a altos brados?

Antes de denunciar as aparentes injustiças que sofremos, meditemos sobre as perseguições cruéis que em silêncio autorizamos, indignemo-nos contra os sofrimentos atrozes sofridos por grande parte da humanidade. Nada vem do nada.

Atualmente, parece difícil julgar por nós mesmos; servimo-nos de modelos, de normas, de padrões estabelecidos pelos outros para escolher nossa alimentação, nossas roupas, nosso carro, nosso parceiro, nosso modo de vida. Travamos nosso senso de medida e de equilíbrio. Nosso discernimento está profundamente abalado sob uma quantidade de conceitos inúteis. Para onde foi nosso julgamento? A Justiça nos ordena ter moderação e coração!

13 INTEGRAÇÃO
Meu equilíbrio pessoal

Quanto mais equilíbrio e simplicidade eu manifestar em minha vida, mais acesso terei à alegria e ao sucesso.

Atividades propostas

Comece um regime alimentar.

Descubra e ponha em prática os princípios de uma boa nutrição.

Faça o balanço de suas finanças.

Compre uma balança.

Distribua para outras pessoas tudo aquilo de que não precisa mais.

Elimine de sua vida alguma coisa supérflua.

Assista a um julgamento público.

Tome uma decisão que você vem adiando.

Leia um livro que trata de ética e de política.

Consulte um advogado.

Pague suas dívidas.

Participe de uma manifestação pública.

Engaje-se em alguma causa social.

14 DESAFIO ESPIRITUAL – A DEUSA EM SI MESMA

A mulher que revela os dons, as atitudes e as virtudes da Justiça mantém-se sob controle em toda ação, dando prova de discernimento e de integridade. De natureza justa e sábia, essa mulher, alimentada desde a infância por princípios morais, deixa-se guiar por seu bom senso e seu julgamento infalível, adquirido em outras encarnações, durante as quais ela atuou como negociadora com o objetivo de acabar com as injustiças. Essa mulher militante funda sua ética em conformidade com a lei igualitária da retribuição. Seu desafio espiritual consiste em dar sua contribuição em ações individuais e sociais, agindo na raiz dos problemas sociais, para erradicá-los. Ela convida outras pessoas também em processo de autoconhecimento a manterem-se engajadas espiritualmente, pela tomadas de posição e de encontros, e a testemunhar solidariedade em relação a todos os membros da comunidade humana.

O EREMITA
Esclarecido e solitário

1 NÚMERO
NOVE. Indicando o fim e a renovação. Número do ciclo da gestação e do nascimento; da iniciação; da maturidade alcançada pela experiência da solidão. Número do tempo, da memória, dos limites e da paciência. Número sagrado das novenas. Número mágico em matemática. 1 + 2 + 3 + 4 + 5 + 6 + 7 + 8 + 9 = 45 = 4 + 5 = 9. E o 9 multiplicado por não importa que número de 1 a 9 dará sempre 9 em sua redução.

2 CORRESPONDÊNCIA ASTROLÓGICA
O signo de virgem. Signo de ordem, de lógica, de medida, de disciplina, de purificação do ser. Signo que evoca o senso prático e o serviço à comunidade.

3 A MULHER DE VIRGEM
Atributos do signo de Virgem

ELEMENTO	ENERGIA	PLANETA
Terra	Feminina e mutável	Mercúrio

A mulher que tem o signo solar, o ascendente ou a Lua em Virgem é determinada e centrada. Pelo poder da concentração e da meditação, descobre as possibilidades que se abrem a ela em face dos objetivos essenciais. Sua generosidade, sua criatividade e seu envolvimento social são marcantes.

A mulher virginiana experimenta o celibato durante uma parte de sua vida. Para se libertar dessa solidão, ela descobrirá que a relação perfeita desejada começa pelo conhecimento de si própria. Após essa constatação, ela poderá se ligar afetuosamente a outras pessoas.

A mulher de Virgem adora trabalhar. Ela é bastante meticulosa, com muita atenção aos detalhes; faz tudo com bastante cuidado e eficácia. Muito crítica em relação a si mesma, a mulher de Virgem duvida frequentemente de suas capacidades intelectuais. Se procurar esclarecer seus valores e seus ideais espirituais, recuperará a confiança em si mesma e imprimirá sua delicadeza a todas as esferas de sua vida cotidiana. Dotada para a análise, a mulher de Virgem fica atenta aos diferentes fatos de uma situação, a decompõe em todos os seus aspectos, mas os examina bem longe ainda de ter interesse em adotar uma visão de conjunto, e lança seu olhar ao longe antes de tomar uma decisão ou de se engajar em um projeto.

Em suas relações pessoais, a virginiana respeita o outro. Essa atitude altruísta a leva às vezes muito longe. Para manter sua saúde física e mental em perfeita harmonia, ela deve se esforçar para recusar ajuda às pessoas que a sobrecarregam com exigências excessivas ou sem sentido.

São recomendadas atividades nas seguintes áreas profissionais:

Arte oratória, linguística, literatura, educação, correio, compatibilidade, informática, ortofonia, tradução, comércio, secretariado, redação, edição, jornalismo, rádio, comédia, desenho, viagem, bolsa de valores, política, administração pública, ciências exatas, nutrição, psicologia, medicina, fisioterapia, artesanato, técnicas diversas, medicina veterinária, cuidados com animais, matemática, gestão de heranças, bibliotecas, oftalmologia.

Para seu relaxamento, é recomendado tomar banhos com essência de lavanda – a palavra latina *lavandus* significa "lavar". A lavanda purificará seus conflitos emocionais, revitalizará seu sistema nervoso e evitará que entre em depressão, ajudando-a a estabelecer uma relação harmoniosa consigo mesma.

4 FIGURA FEMININA: HÉSTIA

Deusa grega do fogo doméstico, Héstia era a filha mais velha de Crono e de Reia. Semelhante à deusa romana Vesta, honrada por suas sacerdotisas, as Vestais – jovens aristocratas consagradas a manter o Fogo sagrado queimando no santuário de sua deusa –, Héstia, cujo nome significa *coração, fogo*, era venerada como a chama do fogo que brilhava em cada casa, em cada templo. Héstia cuidava de manter a chama viva. O fogo ficava no centro da casa grega e servia também para a realização de rituais. Em muitas cidades gregas, na praça central, era construído um santuário dedicado a Héstia, um *fogo público*, cuja chama sagrada brilhava constantemente. Embora não seja muito destacada na mitologia grega, não tendo tomado parte em aventuras amorosas ou guerreiras como Afrodite ou Atena, Héstia foi invocada como divindade até o *século IV de nossa era*, época em que os cristãos extinguiram os fogos sagrados dos santuários gregos. Felizmente, esses fogos voltaram a brilhar diante das estátuas da Virgem Maria, cujo nascimento é celebrado pela Igreja católica no dia *8 de setembro*; não é certamente por coincidência que o aniversário da Virgem Maria seja comemorado precisamente no signo astrológico de Virgem!

5 A SAÚDE E O CORPO

O jovem. Os remédios. A anorexia alimentar. As doenças crônicas. A esterilidade. Os regimes alimentares. A higiene e os cuidados com o corpo. A menopausa. A velhice. Os ossos e os dentes. A artrite.

6 PALAVRAS-CHAVE

Despojamento. Silêncio. Pureza. Lentidão. Paciência. Perseverança. Meditação. Pessimismo. Solidão. Melancolia. Disciplina. Humildade. Ascese. Contemplação. Sinuosidade. Introversão. Timidez. Medo. Economia. Avareza. Pobreza. Experiência. Modéstia. Busca. Recolhimento. Sabedoria. Isolamento. Simplicidade. Essencial.

7 PERSONAGENS E ARQUÉTIPOS

Um médico experiente. Uma psicóloga. Uma psiquiatra. Uma pessoa idosa. Um pesquisador científico. Uma mulher sábia. Uma ginecologista. Uma farmacêutica. Um padre. Uma pessoa taciturna. Uma pessoa solitária. Um guia espiritual. Um celibatário. Uma nutricionista. Uma aposentada. Uma arquivista. Uma osteopata. Uma peregrina. Um eremita. Uma religiosa.

8 O EREMITA E AS DÁDIVAS DO DESTINO

A mulher que manifesta os atributos do Eremita é uma pessoa inteligente, capaz de análise e de síntese. Notadamente evoluída, bastante introvertida, ela apreende e traduz os segredos do Universo. Ela capta as mensagens pela voz da consciência. Naturalmente curiosa, é bastante hábil em decodificar os sinais e símbolos que se apresentam a ela. Bem organizada, paciente, é atraída pela busca espiritual.

Bastante preocupada com a saúde, a sua e a dos outros, segue um regime de vida com muita disciplina. Toma consciência de que seu corpo é o templo de sua alma e o trata com todos os cuidados. É perita e especialista em seu campo de interesse. Instruir-se constantemente é seu lema. Ávida por leituras, coleciona livros, moedas, selos e antiguidades. Ela manifesta interesse em conhecer a antropologia, em se iniciar no esoterismo ou em se engajar em um caminho espiritual.

Silenciosa, humilde, ela acumula forças por meio da meditação, retirando-se para o seu santuário, orando e trabalhando por sua evolução. Esta solitária tem necessidade de paz, de meditação e de concentração. Ela economiza sua energia. É uma filósofa, uma escritora, uma mulher sábia, uma guia dedicada à missão de perseguir sua evolução.

9 INTERPRETAÇÃO

O Eremita pode significar, entre outras coisas, que:

Você vive ou está prestes a viver um período de solidão.

Será proveitoso fazer algum curso de meditação.

Não se preocupe com a opinião dos outros. Busque sua própria verdade interior. Siga suas convicções.

Seja paciente, atenta e reflexiva. Neste período de sua vida, você tem necessidade de agir calma, lenta e prudentemente.

Você está em uma encruzilhada. Numerosas possibilidades se abrem para você. Escute sua voz interior. Tente entender o que ela lhe diz.

Procure decifrar as mensagens que seu corpo lhe passa. Observe sua alimentação, faça exercícios. Se você está doente, procure a medicina natural.

Peça conselho a uma pessoa idosa se tiver necessidade de respostas, qualquer que seja o assunto.

10 MEDITAÇÃO

Qual é a informação que procuro?

Como devo empregar minha energia e meu tempo?

Onde posso encontrar os recursos de que preciso no momento?

Será que está me faltando prudência em alguma área da minha vida?

Escreva todas as coisas que faz ou que amaria fazer e que são de natureza meditativa.

Como criar um ambiente mais silencioso ao meu redor?

Imagine que vai passar 24 horas inteiramente só. O que você pensa fazer?

Identifique seus guias. As pessoas à sua volta que estão prontas a lhe ajudar. Se você não tem ninguém, imagine-se tendo. Dialogue com seus guias. Transcreva sua mensagem.

Qual o melhor conselho que alguém já lhe deu?

Será que tenho necessidade de conselhos e do apoio de um mentor?

11 AFIRMAÇÃO

Peço a ajuda do meu guia interior e ponho em prática seus conselhos.

Escuto sua voz me dizendo que...

12 SIMBOLOGIA ATUAL

O arcano do Eremita nos lembra que a busca espiritual não para jamais e que a mulher neste caminho tem necessidade de tranquilidade e de solidão para acessar sua sabedoria interior.

Em outros tempos, as rugas e os cabelos brancos eram respeitados. Hoje em dia, a maturidade e a experiência dos nossos idosos são descartadas. O envelhecimento dá medo, não rima com sabedoria. E quantas mulheres hesitam ainda em dizer sua idade, como se o fato de envelhecer tivesse qualquer coisa de indecente. Embora a cada dia todos os seres humanos envelheçam, o discurso contemporâneo da cultura ocidental nos sugere que envelhecer é degradante.

Essa antiga sabedoria feminina se revela, ela não está morta; está somente enterrada muito profundamente nos espíritos e nos corações.

Nosso esforço deve ser o de reclamar os legados de nossa filiação matrilinear. Devemos respeitar a sabedoria de nossas mães, pedir-lhes conselhos, amá-las não mais como as filhas amam suas mães, mas como as filhas amam a "velha" nelas, aquela que elas serão um dia.

Se aceitarmos o fato de que uma "velha sábia" nos espera no fim do caminho, em qualquer lugar misterioso, e que nós a encontraremos em uma encruzilhada de nossa viagem, permitiremos que nossas mães, por suas palavras, suas histórias e suas ações, nos livrem do medo de envelhecer.

Honrar a "velha sábia" em nós é encontrar nossa herança materna. A mulher idosa é a mediadora entre os mundos interior e exterior. Reivindiquemos nossa maturidade espiritual e assim nos tornaremos, para nossas filhas e filhos, mulheres sábias em virtude.

13 INTEGRAÇÃO
Minha querida solidão

Reclamo a sabedoria de minha linhagem feminina a fim de obter as respostas às minhas perguntas.

Atividades propostas

Leia o livro *Passage* [*Passagem*], de Germaine Greer.

Acampe uma noite, sozinha, na natureza.

Empreenda uma busca espiritual.

Aprenda uma técnica de meditação.

Peça conselhos a uma amiga, uma pessoa idosa, uma terapeuta.

Fique sem falar durante um dia inteiro.

Assista a um documentário sobre saúde.

Faça jejum durante um dia inteiro.

Consulte uma nutricionista.

Visite uma pessoa idosa.

Faça uma viagem sozinha.

Compre um lampião ou uma vela.

Inscreva-se em algum curso de herborismo ou de alimentação natural.

Visite os Arquivos nacionais.

Compre um relógio ou uma ampulheta.

Empreenda uma peregrinação para um lugar santo.

Procure um bastão de peregrino e faça uma peregrinação.

14 DESAFIO ESPIRITUAL – A DEUSA EM SI MESMA

A mulher que revela os dons, as atitudes e as virtudes do Eremita aprecia a paz interior na solidão e se dedica a uma disciplina de revelação em seu dia a dia. Em uma vida interior, esta buscadora iluminada fez parte de grupos religiosos ortodoxos, recebeu ensinamentos de uma escola de mistérios ou de movimentos espirituais em busca de iluminação. Ouvindo sua intuição, essa peregrina pratica a tradição hesicasta, a prece silenciosa do coração, para tornar-se participante da natureza divina.

Mestre de sabedoria, esta iniciada cumpre seu desafio espiritual percorrendo a Terra, contribuindo assim para se aproximar da divindade e fazer circular a energia e irradiar a luz em torno dela.

A RODA DA FORTUNA

Sibilante e visionária

1 NÚMERO

DEZ. 10: escrito em numerais, vê-se o encontro do elemento masculino com o elemento feminino. Número de regeneração. Número de transição. Para os pitagóricos, como soma dos quatro primeiros números, o 10 é considerado o número perfeito.

2 CORRESPONDÊNCIA ASTROLÓGICA

A Roda do Zodíaco. Todos os signos, todas as experiências humanas. O potencial do vir a ser contido em um tema astral.

3 A MULHER EM TRANSFORMAÇÃO
Atributos da mulher em transformação

ELEMENTO	ENERGIA	PLANETA
Terra	Mista e mutável	Quíron

A mulher em transformação, aquela que chamo de transformadora, percorre incessantemente a roda do seu destino: ela representa nossa capacidade de nos renovarmos e de acreditar. Ela honra todas as etapas de sua vida. Durante as estações do amor, ela rende um culto à deusa Afrodite; na época dos negócios, ela se prostra diante do altar da deusa Atena; na idade da maternidade, ela venera a deusa Deméter; nos momentos de solidão, ela encarna as qualidades da deusa Héstia. A transformadora deixa acontecer. Sua intuição lhe ensina a ficar aberta, mesmo diante dos acontecimentos imprevisíveis que lhe são impostos no correr de sua vida de mulher. A transformadora não compreende sempre os mistérios do seu destino. Mas ela se esforça para reconhecer os sinais. Na metade de sua vida, cada mulher experimenta contrariedades, sofre humilhações, sua existência se assemelha a um deserto. Ela aprende a se libertar de suas esperanças ilusórias, se dispõe a renunciar às atividades usurpadoras e obsoletas e avança na direção de objetivos insuspeitados anteriormente. Ela se prepara para a sua apoteose.

A transformadora se abandona ao que a filósofa judia alemã Edith Stein denomina o *"repouso em Deus, a total suspensão de toda atividade de espírito, o abandono total a seu destino segundo o desejo divino".*

4 FIGURA FEMININA
AS FIANDEIRAS DO DESTINO

Muitas culturas apresentam seu mito identificando uma trilogia de deusas fiando ou tecendo o destino humano. Nenhuma divindade pode anular suas decisões invisíveis, desprezadas e inelutáveis, a propósito de peripécias ou de desastres *predestinados* a cada vida humana. Entre os gregos antigos, essas fiandeiras do destino, essas divindades lunares, eram chamadas *Moiras*; eram três irmãs. Cloto trouxe o fuso quando nasceu, Láquesis enrolava e desenrolava o fio da existência, e Atropos determinava a morte, cortando-o. Entre os escandinavos, as *Nornes* designavam as três divindades do destino: Urd (que conhecia o passado), Wertandi (o presente) e Skuld (o futuro). Quanto às Parcas dos Romanos, elas eram representadas no fórum por três estátuas chamadas Tria Fata (as três fadas), tendo uma roda na mão: os três Destinos. Na imagética dos contos de fadas de nossa infância, a estrela (símbolo astrológico) que a Fada (a fé) tem na extremidade de sua varinha mágica simboliza sem dúvida nenhuma a ideia do destino.

Essa tríade feminina de fiandeiras do destino será transformada mais tarde, pela religião católica, em trindade masculina.

5 A SAÚDE E O CORPO

A regeneração celular. O metabolismo. O sono. As depressões. O crescimento. Os biorritmos. Os ritmos da respiração. Os ciclos de criatividade da mulher. Os equilíbrios químicos do organismo.

6 PALAVRAS-CHAVE

Ciclos. Destino. Movimento. Círculo. Reencarnação. Rodeio. Mudança. Sorte. Mudança de casa. Acaso. Imprevisto. Fatalidade. Oportunidade. Aventura. Instabilidade. Jogo. Ocasião. Iniciativa. Karma. Renascimento. Alternância. Retorno. Velocidade. Rapidez.

7 PERSONAGENS E ARQUÉTIPOS

Uma pessoa instável. Uma operadora da bolsa de valores. Uma jogadora. Um agende de viagens. Uma astróloga. Uma biógrafa. Uma pequena investidora em ações.

8 A RODA DA FORTUNA E AS DÁDIVAS DO DESTINO

A mulher que encarna as qualidades da Roda da Fortuna é uma pessoa com tendência a repetir as penosas situações desgastadas. Suas crenças se fundam sobre o pensamento mágico; ela espera viver um sonho de poder e controle e assim experimenta uma vida rica em sobressaltos. Afortunada um dia, infeliz no outro, ela experimenta inúmeras flutuações no plano material. Comprovando uma instabilidade crônica, a pessoa menos evoluída pode recorrer ao álcool, aos medicamentos ou às drogas, a toda forma de dependência que lhe permita escapar das dificuldades do dia a dia. No entanto, ela aprende na dura escola da vida a se transformar e compreende, apesar de tudo, que nós temos – bem mais que um destino – uma destinação.

Fascinada pelos acontecimentos históricos, pela cosmologia, a mitologia e a astrologia, ela será atraída magneticamente pelas livrarias ou bibliotecas, para expandir seus conhecimentos. Fará sempre inúmeras perguntas, esperando encontrar respostas fora de si mesma. Durante períodos de revelação, ela se dará conta de que procura unicamente simplificar a vida. Seu corpo, sua alma e seu espírito aspiram à serenidade.

Dotada de um senso de humor ácido, ela cultiva a autogozação e integra suas contradições, sabendo rir de seus defeitos e admitindo suas fraquezas.

9 INTERPRETAÇÃO

A Roda da Fortuna pode significar, entre outras coisas, que:

Você vai viver uma mudança súbita, boa ou má, que a levará a uma nova fase da vida.

Se você desceu até o nível mais profundo de uma depressão, lembre-se de que há uma maneira de sair dela: subir.

Talvez você tenha medo de tomar uma decisão. As fiandeiras do destino vão decidir por você.

A Roda continua incansavelmente a girar. Você não pode fazer nada quanto a isso. Seu eu profundo, seu inconsciente, já escolheu por você uma situação, uma pessoa ou um caminho. Entregue-se. Não é o destino que vem até você. É você que vai ao seu encontro.

Cada ponto da Roda contém suas possibilidades, e pouco importa a que ponto seu destino a conduz. É sua vida, que você vive segundo o melhor de suas possibilidades.

Você está prestes a viver uma reviravolta da sorte?

Nada é permanente, nada é estável. Alguma coisa está em vias de terminar em sua vida. Algo novo vai acontecer. Aceite o que se anuncia.

10 MEDITAÇÃO

Será que estou em vias de viver uma transição maior?

Que lições devo tirar desta situação?

Tenho necessidade de ficar centrada diante deste acontecimento?

Devo redefinir meus objetivos?

Tenho ainda fé para acreditar na felicidade, apesar desta experiência?

Estou pronta para acolher a surpresa, para abrir a porta para o desconhecido?

Minha evolução se interrompeu? Como posso vencer este bloqueio? Qual é minha herança familiar?

Estou prestes a cometer os mesmos erros? Será que estou percorrendo bom caminho em minha evolução?

Descreva um final de ciclo que você já viveu. Olhando em perspectiva, acredita que ele tenha sido positivo?

11 AFIRMAÇÃO

A cada dia a vida me propõe escolhas e me cobra tomar iniciativas para realizar meu destino. A partir de agora, aceito que...

12 SIMBOLOGIA ATUAL

A Roda da Fortuna acompanha a mulher em marcha que avança inexoravelmente em direção a seu destino. Mas é ela que escolhe, sempre, seu caminho e seu objetivo? Ao longo de toda a sua existência, ela se coloca questões cruciais. De onde viemos? Aonde fomos lançados? Qual é o sentido da vida? Por que estamos aqui sobre a Terra? Para onde vamos?

Observamos o ciclo das estações, o nascimento e a morte de tudo o que tem vida, os períodos de paz e de guerra, a abundância e a fome, os risos e as lágrimas. Para todos, a vida é um mistério. Podemos compreender os diferentes ciclos que atravessamos ao longo de nossa existência, sua simbologia e sua importância? Será que existem recursos que possam nos guiar?

Em astrologia, cada planeta possui seu próprio ritmo, seu ciclo. O ciclo de Saturno é o mais importante, dura um pouco mais de 29 anos. É aos 30 que tomamos consciência de nossa responsabilidade nos acontecimentos de nossa vida. Muitas pessoas vivem uma experiência marcante nessa época da vida. O ciclo de Júpiter dura doze anos, o de Marte, dois anos, o do Sol, um ano, e a Lua faz a volta do zodíaco em 24 horas. Cada ciclo de nossa vida, cada revolução de um planeta acontece segundo processos semelhantes. Esses períodos de crise ou de aprendizagem são simplesmente manifestações aparentes de revoluções interiores. Aprendendo a identificar nossos ciclos, a vivê-los conscientemente, podemos transformar o desequilíbrio exterior em harmonia interior.

O nascimento e a morte, a atividade e o repouso, a criação e a destruição, todos esses acontecimentos têm seu tempo e sua razão de ser no desenrolar de nossa existência. Ainda que as fiandeiras do destino tenham em mãos fusos e rocas, atentas ao nascimento, ao crescimento e à morte de todos os seres humanos, nada nos acontece por acaso. As fiandeiras e tecelãs do destino nos despertam às vezes para as causas e os significados de nossos atos, mas não podem nos liberar da construção da rede dessa tela cósmica. E pouco importa a trama do destino que as Deusas fiam ou tecem por nós, toda vida humana se entrelaça, se enrola e se trança sobre um fundo de amargura, de alegria, de sofrimento, de desolação e de despertar interior.

13 INTEGRAÇÃO
Minha vida se desenrola assim

Por meio das mutações incessantes de minha existência, me transformo, abandonando-me a meu Eu superior. Tomo posse do meu centro interior em...

Atividades propostas

Leia um livro que aborde o simbolismo do círculo, da roda.

Consulte um astrólogo.

Mude os móveis de lugar.

Compre um bilhete de loteria.

Dê uma volta no picadeiro de um circo ou em algum outro lugar.

Compre um relógio novo.

Vá a um cassino.

Desenhe uma mandala.

Crie um ritual para celebrar cada nova estação.

Compre uma roda da medicina, um captador de sonhos ou um tambor.

Use um amuleto ou um talismã no pescoço.

14 DESAFIO ESPIRITUAL – A DEUSA EM SI MESMA

A mulher que revela os dons, as atitudes e as virtudes da Roda da Fortuna experimenta no mais alto nível um sentimento de instabilidade doloroso. Ela procura compreender o enigma da vida, estando sempre consciente de que sua boa estrela por vezes vacila. Guiada, por outro lado, pela Providência e sustentada por seus próprios esforços, esta alma se mantém livre e sabe que sua centelha divina se perdeu no mundo das trevas e que tudo o que provém da Divindade está espalhado pelo cosmos. Seu desafio espiritual, isto é, sua redenção, consiste no retorno a Deus. Essa aspiração mística se encarrega de colocar sua intuição dos preceitos divinos a serviço do próximo. Ela sinaliza que a saúde tem lugar aqui e agora, perdoando a si e aos outros e, assim, nos reconciliando com nossa natureza divina.

A FORÇA
Brilhante e poderosa

1 NÚMERO
ONZE. 11, escrito em algarismos, nos remete duas vezes ao 1, o número da magia. A magia dominou suas ferramentas. E 1 + 1 = 2, o número da Papisa, o número da força feminina.

2 CORRESPONDÊNCIA ASTROLÓGICA
O signo do Leão. Signo da força, da plena afirmação do indivíduo. O Leão representa a realeza na vida psíquica, aquilo que o instinto tem de mais nobre.

3 A MULHER LEONINA
Atributos do signo de Leão

ELEMENTO	ENERGIA	PLANETA
Fogo	Masculino e fixa	Sol

A mulher que tem o signo solar, o ascendente ou a Lua em Leão é uma artista, uma dirigente, uma vencedora. Individualista, ela aspira, no entanto, à companhia dos outros. Sensível à lisonja, ela é ávida por aplausos e precisa de uma corte que a adule. Regida pelo Sol, a mulher de Leão tem um ego bastante aguerrido. Tem alta autoestima e dispõe de grande força de vontade e de vitalidade.

Enérgica, a mulher leonina manifesta ardentemente seus talentos de liderança, sendo dona de uma confiança inquebrantável em si mesma. Calorosa, afetuosa, realiza milagres com as crianças, inspira confiança nos outros e todos se dispõem a embarcar em seus projetos.

Romântica e apaixonada, vê beleza em tudo. Generosa, aberta e amorosa, a mulher de Leão manifesta muita simpatia aos olhos dos outros; ela abre seu coração a todos os miseráveis. É admirada por seu sorriso, sua postura, a vibração que emana, suas atitudes teatrais. A mulher de Leão espera muito em troca do seu amor, da sua lealdade e da sua generosidade.

Ela tem a tendência de dramatizar os acontecimentos de sua vida. Precisa parecer excepcional, não suporta nem a mesquinharia, nem o revés nem a pobreza. Para ser admirada, ela usará todos os trunfos, comprará objetos luxuosos, roupas caras; ela construirá uma casa grandiosa, na medida de suas ambições.

O signo de Leão governa o chakra do coração, o que torna a mulher leonina generosa, sensível e cheia de compaixão pelos deserdados.

São recomendadas atividades nas seguintes áreas profissionais:

Artes, embaixadas, decoração, liderança, bancos, joalheria, cardiologia, direção teatral, trabalho com crianças, política, cassinos, finanças, grandes empresas, função pública, psicologia, recreação, esportes, clubes de saúde, estética.

As cores benéficas à mulher de Leão são: todos os dourados, os amarelos e laranjas.

Embora a leonina seja provida de muita vitalidade para criar e se regenerar, seu corpo emocional tem necessidade de se libertar do seu desejo de poder. Para conseguir isso, ela pode utilizar o óleo essencial de alecrim, que a refrescará e estimulará a circulação do sangue. O alecrim aumentará também sua criatividade.

4 FIGURA FEMININA: SEKHMET

A poderosa Sekhmet, a deusa solar egípcia, filha do deus Rá e esposa de Ptah, é representada com uma cabeça de leão. Nos mitos orientais, as deusas-mães domam leões, os montam ou se transformam em leões. No plano psíquico, o leão simboliza a força dos instintos. Segundo certos relatos, Sekhmet protege a barca do deus Sol durante sua travessia do mundo subterrâneo. Segundo Jean-Louis Bernard, em sua obra *Aux origines de l'Égypte* [*Nas Origens do Egito*], Sekhmet, "cuja veste amarelo-ouro evoca o Sol em pleno meio-dia, está encarregada de destruir os inimigos do Sol". Ainda hoje, acrescenta ele, as mulheres egípcias se dirigem às ruínas do templo de Karnak para implorar à deusa Sekhmet por sua fertilidade. Ainda mais: na astrologia, o setor do Leão – a Casa V – governa a procriação! Aí está, tudo corresponde, como bem disse Baudelaire!

5 A SAÚDE E O CORPO

O coração e as doenças cardíacas. Os enfartes. Os músculos dorsais e a medula espinhal. A hipertensão arterial. O delírio paranoico.

6 PALAVRAS-CHAVE

Autoafirmação. Orgulho. Força. Fogo. Energia. Realeza. Audácia. Dominação. Conquista. Grandeza. Glória. Dinamismo. Vitalidade. Irradiação. Paixão. Coragem. Magnetismo sexual. Instinto. Sexualidade. Poder. Prestígio. Generosidade. Vigor. Espírito de comando. Carisma.

7 PERSONAGENS E ARQUÉTIPOS

Uma pessoa apaixonada. Uma pessoa colérica. Uma cuidadora de animais. Uma veterinária. Uma trabalhadora autônoma. Uma amante. Uma apaixonada por sexo. Uma dirigente. Uma fisiatra. Uma heroína.

8 A FORÇA E AS DÁDIVAS DO DESTINO

A mulher que encarna as qualidades da Força é uma pessoa experiente na arte de avaliar, reconhecer, aceitar e equilibrar suas necessidades físicas, intelectuais, emocionais e espirituais. Ela vive em alta frequência vibratória. O corpo emocional desta mulher forte é bastante sutil, o que a torna aberta, expansiva e cheia de magnetismo. Entusiasta, enérgica, generosa, magnânima, ela irradia força e calor ao seu redor. Ela tem necessidade de atingir o máximo em tudo.

Esta mulher é fascinada pela magia, pelos milagres, por tudo o que é maravilhoso e grandioso. Ela precisa desfrutar dos prazeres da vida, aprender, experimentar, pagar o preço, jogar o jogo da vida dando o melhor de si. Ela é atlética e os esportes ao ar livre lhe são altamente benéficos.

Um grande calor emana dela. Apaixonada, exaltada, inflamada, mulher poderosa, ela atrai para si as pessoas, as condições e as circunstâncias que a ajudarão a atingir seus objetivos.

Elegante, ávida por esplendor em tudo, seu porte é magnífico. Ela nasceu para brilhar e comandar. É uma romântica idealista, generosa e sensual, que tem necessidade de ser amada, admirada, respeitada. Seu desejo de prazer e sua necessidade de encorajamento, por vezes, são excessivos.

9 INTERPRETAÇÃO

A Força pode significar, entre outras coisas, que:
É chegado o momento de você expressar sua energia criativa.

Você aprisionou e canalizou as paixões animais em si mesma. Essas energias sublimadas estão agora prestes a se manifestar de maneira criativa.

Você possui a força e a energia para começar ou dar continuidade a um importante projeto, mesmo que encontre algumas dificuldades.

Você tenta reprimir o instinto em si mesma. Ao contrário, o instinto e as emoções devem ser reconhecidos, entendidos e integrados à sua personalidade.

Você está engajada em uma batalha de poder.

Você é capaz de, e está prestes a, conseguir o que quer da vida. Seu desejo nasce no coração.

Suas emoções, seus sentimentos e sua sexualidade estão em seu apogeu neste momento. Tire proveito disso!

Você tem o desejo de se ligar com paixão e coragem a uma outra pessoa.

10 MEDITAÇÃO

Aceito minha natureza animal?

Neste momento de minha vida, devo seguir meus instintos?

Como posso ganhar mais vitalidade?

Será que expresso facilmente minha sensualidade? Como?

Qual é meu maior defeito? E minha maior qualidade?

Sou uma mulher apaixonada? Pelo que me apaixono?

O *animus* é a polaridade masculina de uma mulher, segundo Carl Jung. Essa polaridade se exprime de modo positivo sob a forma de criatividade, de objetivos ou de projetos. De modo negativo, a mulher expressa esse aspecto de si mesma sendo extremamente crítica. Descreva como você pode expressar sua polaridade masculina de modo positivo e criativo.

Descreva sua energia yin (feminina). Descreva sua energia yang (masculina). Faça uma lista de suas qualidades yin e yang. Elas são complementares? Ou opostas?

Que animal representa você? Descreva-se como se fosse esse animal.

Escreva algumas linhas a propósito da sexualidade em geral e, especificamente, sobre a sua.

11 AFIRMAÇÃO

Reconheço minha natureza animal. Não desdenho o instinto em mim. Dou-lhe o espaço que merece. Isso me leva a...

12 SIMBOLOGIA ATUAL

Nas culturas antigas, o número de divindades é acompanhado de animais. Algumas delas são, inclusive, representadas sob a forma de animais. Lembremos de Hator, a vaca divina egípcia. A Ísis egípcia, mãe de todas as deusas, é representada com asas abertas, Sekhmet tem cabeça de leão. Em Creta, a deusa segura serpentes com as mãos. A antiga deusa hebraica Lilith é dotada de asas e está acompanhada por uma coruja.

Na época dos cultos centrados na Grande Deusa-Mãe, honrava-se a interdependência entre o humano e o animal. Atualmente, respeitam-se cada vez menos os animais. Essa irreverência em relação à espécie animal resulta, sem dúvida, da filosofia das religiões patriarcais. Todas as sociedades industrializadas glorificam o córtex, o cérebro superior, rejeitando o cérebro reptiliano, sede das funções vitais, e o límbico, centro das emoções, que nos remetem ao passado pré-histórico nos religando aos animais. Hoje em dia, o desequilíbrio ecológico que vemos parece resultar de uma cultura esquecida de que a Grande Deusa Terra é um organismo vivo, e que os animais, nossos companheiros de vida, fazem parte de um ecossistema frágil e ameaçado.

A mulher forte em processo de autoconhecimento aceita sua natureza instintiva inata. Ela não ignora os furores enraivecidos que dormem nela, mesmo inertes, por medo de que eles não se manifestem ante a mais inofensiva ameaça, e não se exprimam com a raiva do leão.

A Força nos lembra que todas as paixões que nos habitam devem ser trazidas à luz, aceitas, integradas e canalizadas com conhecimento de causa.

Devemos encontrar uma maneira de curar a Terra e de proteger os animais, de respeitá-los novamente como protetores, aliados e guardiões da antiga sabedoria.

13 INTEGRAÇÃO
A Força está comigo

Minha autoridade e meu poder provêm da minha união com a Deusa-Mãe.

Atividades propostas

Rejeite os produtos de beleza de empresas que utilizam animais como cobaias dos testes.

Acenda uma vela vermelha e medite sobre seu poder sexual.

Faça uma doação a alguma sociedade protetora dos animais.

Compre um urso de pelúcia.

Tenha um gato ou um cachorro.

Compre um animal em porcelana ou madeira, com o qual você se identifique.

Visite um zoológico.

Alugue e assista ao filme *A Bela e a Fera*.

Assista a um filme que conta a história da cientista Diane Fossey e seu amor pelos gorilas.

Torne-se membro de uma associação militante na causa de proteção das espécies animais em extinção.

Pratique judô ou caratê, disciplinas que associam a maestria física ao despertar espiritual.

Aprenda alguma luta.

14 DESAFIO ESPIRITUAL – A DEUSA EM SI MESMA

A mulher que revela os dons, as atitudes e as virtudes da Força se dedica com ardor, fé e esperança a uma via iniciática. Tal como a Esfinge, esta alma corajosa, combativa e tenaz é estimulada por energias instintivas e sagradas. Ela incorpora a vontade de satisfazer suas necessidades corporais em uníssono com as aspirações espirituais. Desde sua primeira infância, entrevê os espíritos da natureza, ela os sente, os vê, os escuta e faz deles amigos e aliados. Esclarecida pela consciência crítica, dom adquirido em suas vidas anteriores, ela se lança à luta após receber seu batismo de fogo. Conquistadora, ela luta corpo a corpo com seus demônios interiores, resiste à ameaça de adormecimento do espírito, persevera e alcança a vitória final sobre si mesma, disputando duramente o combate contra as energias reprimidas. Esse fato, essa conquista, a orienta para o despertar. Seu desafio espiritual se cumpre inspirando jovens almas e servindo de modelo a todos os que aspiram à Luz em um mundo repleto de trevas.

O ENFORCADO

Despossuído e neófito

1 NÚMERO
DOZE. O número 12 simboliza a organização terrestre e a ordem temporal. Doze horas, o dia; doze horas, a noite. Doze meses. Ele sugere também os doze signos do Zodíaco. Os onze primeiros arcanos do Tarô ilustram a aprendizagem ativa do ser humano. O encontro com o arcano XII pressiona a mulher em desenvolvimento a ouvir o apelo do sagrado e assim empreender sua iniciação passiva, mística e feminina. A iniciada terá necessidade da dimensão do 13 para renascer para a vida, depois de ter feito o sacrifício de sua individualidade.

2 CORRESPONDÊNCIA ASTROLÓGICA
O elemento água. O signo de Peixes. O planeta Netuno, planeta da imaginação, do misticismo, do despertar e das faculdades criativas. Netuno, planeta que acompanha a neófita em marcha para seu destino espiritual.

3 A MULHER PISCIANA
Atributos do signo de Peixes

ELEMENTO	ENERGIA	PLANETA
Água	Feminina e mutável	Netuno

A mulher que tem o signo solar, o ascendente ou a Lua em Peixes é muito sensível, receptiva, médium e enfática. Ela tem antenas psíquicas e absorve inconscientemente as percepções emanadas dos outros. Ela capta as atmosferas e pressente as vibrações à sua volta. Possuindo, por outro lado, o dom de clarividência e a capacidade de ter sonhos premonitórios ou proféticos, algum dia ela estudará e compreenderá os mistérios da vida. Ela é dotada de uma memória excepcional, de uma sabedoria natural e de aptidões para a cura psíquica e espiritual.

A mulher de Peixes busca a perfeição em seus contatos com os outros. Para aí chegar, ela se ajusta aos pensamentos, aos desejos e emoções alheios. Em situações difíceis, ela prefere manifestar seus ressentimentos de modo sutil. Assim agindo, reprime sua cólera, ignora as emoções que emergem de seu inconsciente e se deprime com facilidade. Mulher introvertida, impressionável, ela deve ficar desligada das contingências da vida cotidiana.

Envolvida por uma aura misteriosa, frágil, muito emotiva, de temperamento instável, a mulher de Peixes é frequentemente incompreendida. Sua extrema vulnerabilidade e sua suscetibilidade a tornam muito sensível à crítica.

Fatalista, a mulher pisciana se acredita presa a um destino que não escolheu. Plena de compaixão pelo sofrimento humano, ela perdoa todas as pessoas à sua volta, cega a seus desregramentos, suas fraquezas e suas traições. No entanto, é importante para a mulher de Peixes lembrar-se de que ela não deve se vangloriar de sua generosidade e de sua compaixão diante do outro. Ela sozinha pode exprimir as mais altas qualidades humanas.

Mulher em desenvolvimento espiritual, ela se irrita facilmente com as pessoas que vivem apenas em função dos bens materiais. Deve respeitar sua individualidade, escutar sua fraca voz interior, que não lhe mente jamais. Ao se forçar a fazer qualquer coisa que não deseja, pode subitamente ficar doente e definhar rapidamente.

Adorável, generosa, devotada ao bem dos outros, ela está sempre disposta a se sacrificar pelo bem-estar dos que a rodeiam. Por outro lado, ela deve enfrentar seus medos inconscientes e se dar o direito de viver como quer, sem erguer em torno de si muros que a afastem por fim de sua criatividade e de sua própria vida.

São recomendadas atividades nas seguintes áreas profissionais:

Medicina, atividades paramédicas, trabalhos de laboratório, comércio, seguros, reflexologia, sindicalismo, pesquisa de parentes biológicos, cinema, musicoterapia, fotografia, artes – sobretudo a música e o grafismo –, psicologia, trabalho social, função pública, oceanografia, natação, biologia marinha, transporte de mercadorias, poesia, clarividência, astrologia, cura, farmácia, religião, pesquisa em toxicologia, trabalho em um centro náutico, colheita ou venda de café ou tabaco, dança, circo.

As cores benéficas à mulher pisciana são: azul (todos os tons), malva, turquesa, cinza-chumbo e verde.

A mulher de Peixes tem necessidade de colecionar conchas e figuras representativas das divindades femininas.

Relaxante, o óleo essencial de melissa é excelente para as piscianas que precisam repousar bastante para se liberar das energias negativas captadas no dia a dia. Aplicar um pouco nas têmporas para aliviar as enxaquecas. Beber um chá de melissa antes de se deitar ajuda a dormir e a ter sonhos inspiradores.

4 FIGURA FEMININA: PERSÉFONE E DEMÉTER

Os mistérios de Elêusis repousam sobre o mito de Deméter e sua filha querida, Perséfone. Deméter, deusa da Terra, abençoava seus habitantes fornecendo-lhes colheitas abundantes. Perséfone crescia em sabedoria e beleza. Os deuses e os homens a desejavam. Mas o amor entre ela e sua mãe era tão forte que ela não sentia necessidade de outro. Um dia, quando Perséfone fazia um passeio sozinha, colheu um narciso. Subitamente, a terra se abriu e Plutão (Hades), o deus dos infernos, a capturou e a levou com ele para os mundos subterrâneos, até os infernos, para fazer dela sua mulher.

Ouvindo o grito de terror de sua filha, o coração de Deméter gela. Ela procura a filha durante nove dias. Não a encontra em nenhum lugar. Sua ansiedade cresce, sua inquietude se transforma em pânico quando ela percebe que fazia algum tempo que ninguém via sua filha. Durante muitos dias, Deméter recusou-se a comer.

Desesperada, foi consultar a vidente e sábia Hécate, que a informou sobre o rapto de Perséfone por Plutão. Avisada desse desastre, Deméter, enraivecida, se refugia em seu templo e decide destruir todas as colheitas, para se vingar do Deus Plutão-Hades, que lhe havia roubado a filha.

Assustados, os habitantes da Terra foram consultar Zeus. Ele não conseguiu convencer Deméter a lhes devolver a prosperidade e a fecundidade. Pediu então a Hermes que descesse ao mundo subterrâneo a fim de ordenar a Plutão que libertasse Perséfone. Após inúmeras deliberações, Plutão aceitou deixar Perséfone voltar à Terra. Mas, antes de deixá-la partir, ele lhe deu para comer grãos de romã. O simbolismo da romã fala de sexualidade e fecundidade. Após ficar sabendo que Perséfone tinha consumido grãos de romã, Deméter entra em um estado de cólera incontrolável.

Para evitar uma nova vingança da parte de Deméter, Zeus lhe oferece um compromisso. Para cada grão de romã que Perséfone tivesse consumido, ela passaria um período no mundo subterrâneo, o que corresponde a nosso outono e nosso inverno. O resto do tempo ela ficaria sobre a Terra, na companhia da mãe. Esse mito nos lembra o grande mistério dos ritos de iniciação da mulher, os três aspectos de sua feminilidade: a Jovem, Perséfone, a Grande Mãe, Deméter, e a Velha Sábia, Hécate. Esse mito nos lembra que a jovem perde sua inocência ao descobrir a sexualidade, que a sexualidade a conduz à maternidade e, em seguida, à morte e ao renascimento por meio de seus filhos.

Vários rituais são ainda hoje realizados em Elêusis, cidade antiga da Grécia, onde estão as ruínas do santuário de Deméter e Perséfone.

5 A SAÚDE E O CORPO

A contemplação espiritual. A aura. O parto. As doenças kármicas. A hospitalização. O yoga. A reflexologia. Os estados alterados da consciência.

6 PALAVRAS-CHAVE

Privação. Renúncia. Clarividência. Submissão. Alerta. Obscuridade. Abandono. Vulnerabilidade. Ferimento. Inconsciente. Iniciação. Receptividade. Meditação. Perda de controle. *Yin*. Afastamento. Fatalidade. Ascetismo. Dissolução. Limite. Ansiedade. Frustração. Doença. Estagnação. Masoquismo. Isolamento. Solidão. Vítima. Rito de passagem. Transição.

7 PERSONAGENS E ARQUÉTIPOS

Um yogue. Um professor de yoga. Uma trapezista. Uma serva da humanidade. Uma vidente. Um médium. Uma prisioneira. Uma psiquiatra. Uma psicóloga. Uma pessoa equilibrada. Uma alcoólatra. Uma toxicômana. Uma acrobata. Um mímico. Uma terapeuta de regressão a vidas passadas.

8 O ENFORCADO E AS DÁDIVAS DO DESTINO

A mulher que manifesta os atributos do Enforcado é uma pessoa clarividente, médium, mágica, dotada de uma excepcional sensibilidade. Manifestando muita compaixão pelo sofrimento alheio, ela pode se perder de vista e cair doente se não conseguir se dissociar de seus problemas.

Essa mulher atinge frequentemente um alto grau de conhecimento espiritual, mas experimenta dificuldades em viver o presente, em suportar as contingências da vida cotidiana. Sonhadora, impressionável, gentil, poetisa, artista, ela cria ilusões, povoa seu mundo com filhos encantados ou diabólicos. Ela mergulha em histórias abomináveis ou fascinantes, conforme seu estado de humor.

Essa mulher, aguardando um acontecimento celeste ou uma mensagem astral, se deixa abater por sentimentos angustiantes. Frequentemente confusa e desorientada, ela se recusa a renunciar àquilo que não pode mudar. Se pudesse perceber que tem necessidade de silêncio, de paz e de meditação para recarregar sua energia, em vez de se bater contra os acontecimentos do seu passado ou velhas tentações recorrentes, ela se daria conta de que, desistindo, estaria no caminho de um renascimento completo. No plano sentimental, ela idealiza seu parceiro, colocando-o sobre um pedestal.

Se for menos evoluída, irá de impasse em impasse, pegando os caminhos do álcool, do sexo compulsivo, das drogas, da depressão, da dependência afetiva ou das desilusões do ego. Seu temperamento a conduzirá a experimentar muitas limitações e dificuldades.

9 INTERPRETAÇÃO

O Enforcado pode significar, entre outras coisas, que:

Você precisa admitir plenamente que é preciso fazer um sacrifício para obter um bem superior.

Você possui a clarividência necessária para compreender que o despojamento precede a renovação.

Fazendo calar o racional em você, sua voz interior a conduzirá a sua verdade espiritual.

As forças presentes em sua vida a conduziram a um impasse. Nada de produtivo pode ser completado. Seu crescimento material está parado.

As pessoas próximas de você não a compreendem mais. Sem perceber, certas circunstâncias deterioraram sua atmosfera.

Não tente influenciar ninguém no momento atual. Pratique a paciência a fim de sair do caos. Confie em suas forças profundas para conseguir isso.

No plano sentimental, a comunicação está interrompida. Seu parceiro não quer compreender nada. Compaixão, aceitação e perdão são palavras-chave durante este período.

Você não pode largar seu emprego neste momento. Aceite esta situação. Mude seu modo de ver.

Você vem praticando a denegação há muito tempo. Denegação de você mesma, de seus talentos, de seus desejos, de seus sentimentos. Encontre os meios para aprender a gostar de si mesma. Já é hora de fazer isso.

Aprenda a se conhecer, a examinar atentamente seus objetivos e suas crenças, para que consiga encontrar aquilo que procura.

10 MEDITAÇÃO

Devo aceitar voluntariamente um grande sacrifício? Em que área de minha vida?

Preciso suportar dolorosamente uma privação terrível?

Em que circunstâncias eu tenho a impressão de estagnar, de desistir, de apodrecer?

Qual será meu futuro caso aceite esta perda agora?

Quais são os limites racionais dessa situação? Já os ultrapassei?

De que maneira sou dependente?

Como devo aprender a ser mais autônoma?

Estou prestes a sacrificar um pouco de conforto material para empreender uma busca espiritual? Como posso fazer isso?

Será que honro minha sabedoria extrassensorial?

Sinto-me perdida, desorientada, deprimida, desesperada, inativa, improdutiva?

Tenho necessidade de abandonar alguém ou alguma coisa?

Devo passar por um rito de passagem simbólico?

11 AFIRMAÇÃO

Aceito superar as barreiras que me impedem de avançar, renunciar a ideais inacessíveis, a fim de renascer. Então, decido...

12 SIMBOLOGIA ATUAL

O arcano do Enforcado nos lembra que toda vida humana comporta períodos sombrios. Todos atravessamos ritos de passagem, tememos períodos de abandono e de solidão. Em diferentes etapas da nossa vida, suportamos crises que nos conduzem de uma margem a outra da nossa feminilidade. Durante certas estações de nossa vida, nós nos sentimos abandonadas, perdidas, traídas. Não podemos mais avançar, nem recuar. Não sabemos o que fazer para afastar nosso sofrimento. Algumas vezes nos escondemos atrás de um muro de silêncio, com medo de não resistir a nossa cólera. Uma ruptura acontece entre nossa antiga vida e a nova, que se anuncia.

Durante a descida, a mulher que está caminhando experimenta a vida nela e em volta dela. Ela posa de órfã, sem-teto, abandonada e desprezada. Seus sonhos ecoam nos túneis onde ela deve combater os dragões para encontrar a saída. Para cada um de nós, comprometidos na espiral do crescimento espiritual, há um lugar secreto perto do coração, um local íntimo em que se esconde um reino invisível e inviolável. Percorrendo-o, aprendemos a tomar posse de nós mesmas.

Viver implica abandonar velhos sonhos enterrados, hábitos antigos dos quais não temos mais necessidade na sequência de nosso itinerário. Sobre essas ruínas, vertemos uma lágrima – não de pena, mas de encantamento. Recolhamos o sal da sabedoria de nossos sofrimentos amargos.

De nossa descida aos infernos a nossa ascensão espiritual, resulta uma espécie de alquimia corporal e mística, em que trocamos nossa face de mulher desejosa de poder absoluto sobre os outros por aquela de mulher sábia, que exerce um poder soberano sobre si mesma.

13 INTEGRAÇÃO
Meu sacrifício voluntário ou inconsciente

Sacrifico as aquisições materiais com o objetivo de obter riquezas espirituais.

Atividades propostas

Comece aulas de yoga.

Vá ao circo ver um trapezista.

Dê saltos em uma cama elástica.

Assuma os cuidados de uma pessoa desamparada.

Faça uma doação a um itinerante.

Procure um tratamento de reflexologia.

Vá meditar à beira de um rio ou de um riacho.

Faça tudo com a mão esquerda durante um dia inteiro.

Aprenda a recitar o alfabeto de trás para a frente.

Faça uma caridade.

Comece uma psicoterapia.

Prepare-se para fazer uma viagem astral, na companhia de uma iniciada.

Comece uma terapia de regressão a vidas passadas.

Pratique uma disciplina de ascese corporal.

14 DESAFIO ESPIRITUAL – A DEUSA EM SI MESMA

A mulher que revela os dons, as atitudes e as virtudes do Enforcado é uma alma encarcerada, privada de seu livre-arbítrio. Em um mundo dessacralizado, ela encarnou para saldar alguma dívida kármica. Mística, sua capacidade de sofrer e de transformar seu desespero em oferecimento à Divindade é infinita. Desde muito jovem, esta discípula novata mergulha no desconhecido e consente em se abandonar a seu destino e em se submeter à proteção divina com o objetivo de se libertar de seus desejos terrenos e de transmutá-los em aspirações celestes. Sua via iniciática assume um feitio escarpado; ela se vê na beira do precipício, imobilizada, paralisada. Enriquecida pela memória do passado e fortalecida pela presciência do que há de vir, é pelo não agir e o desligamento que ela cumpre seu desafio espiritual.

A MORTE (O ARCANO SEM NOME)

Desencarnada e ressuscitada

1 NÚMERO
TREZE. No Tarô, a carta do arcano A Morte, leva o número treze. O número treze é cheio de superstição e considerado maléfico pelas tradições religiosas patriarcais. Na verdade, ele corresponde ao número mágico das treze lunações do antigo calendário lunar, da época de adoração de uma Grande Deusa-Mãe. Após o abandono do calendário lunar, substituído pelo calendário solar juliano, o número 13 foi associado a circunstâncias nefastas. A sexta-feira 13 tem assim sido ligada à maldição, por sua vez associada ao simbolismo da sexta-feira, dia dedicado à deusa Vênus-Freyja (*Friday*: dia de Freyja/*vendredi*: dia de Vênus), e ao 13, número lunar, número feminino.

2 CORRESPONDÊNCIA ASTROLÓGICA
O planeta Plutão e o signo de Escorpião. A água. Plutão e Escorpião simbolizam as metamorfoses e o renascimento que se seguem às crises. Plutão exerce uma influência regeneradora e purificadora, após haver infligido provas temíveis e experiências penosas.

3 A MULHER ESCORPIANA
Atributos do signo de Escorpião

ELEMENTO	ENERGIA	PLANETA
Água	Feminina e fixa	Plutão

As mulheres que têm o signo solar, o ascendente ou a Lua em Escorpião são pessoas que amam viver à beira de um precipício! Intensas, tensas, encarniçadas, as mulheres de Escorpião se obrigam a censurar seus desejos por medo de serem subjugadas pelo poder deles. Elas dispõem de uma vontade férrea, de uma energia fora do comum para recuperar e se regenerar nos planos físico, mental, intelectual ou espiritual. Além disso, têm talento para inspirar e motivar. Ninguém resiste ao seu poder.

Cativantes, encantadoras, dotadas de um magnetismo imenso, sedutoras, essas mulheres exploram constantemente sua sensualidade. Possessivas e ciumentas, fazem uso do poder da sexualidade para atrair e aprisionar seu parceiro amoroso. Irresistíveis, são habitualmente fiéis. Se as mulheres de Escorpião são traídas ou subjugadas por seu parceiro amoroso, elas não têm nenhum escrúpulo em promover uma revanche.

Visionárias, intuitivas, proféticas, fascinadas pela sexualidade, a morte e o ocultismo, elas podem se servir de seus dons no curso de todas as atividades cotidianas. Seu subconsciente está repleto de segredos aos quais elas buscam ter acesso. Secretas, não se revelando jamais, elas procuram descobrir as motivações escondidas atrás das ações alheias. Um dia elas se veem cercadas de inimigos; no outro, experimentam medos indescritíveis e têm presságios funestos. Em outros períodos, se acreditam traídas ou se imaginam abandonadas.

São recomendadas atividades profissionais como:

Ginecologista, sexóloga, conselheira espiritual, psicóloga, curandeira, vidente, médium, parteira, técnica em radiologia, massoterapeuta, bióloga, organizadora de funerais, tanatologista, detetive, espiã, encarregada de cuidados médicos, farmacêutica, agente de seguros, educadora, musicoterapeuta, herborista.

As cores benéficas à mulher de Escorpião são: o preto, o branco e o vermelho, todas três cores do processo alquímico.

4 FIGURA FEMININA: COATLICUE

Segundo a mitologia, Coatlicue, deusa asteca da terra e da fertilidade, criadora do sol, da lua e das estrelas, era sequiosa de sangue e de carne humana. As estátuas, gravuras e imagens a representam de modo horrendo, exibindo nas mãos e nos pés garras afiadas e erguendo um colar de mãos, corações e crânios humanos. Seu nome – em espanhol, *falda de serpientes* – significa "saia de serpentes". A Dama vestida com uma saia de serpentes entrelaçadas era reverenciada pelos astecas como divindade que distribuía a vida e a morte. Segundo a lenda, certa vez, quando varria, Coatlicue encontrou no chão um feixe de plumas que prendeu na cintura. Mais tarde, ela quis recuperar o feixe de plumas, mas ele havia desaparecido. As plumas a tinham emprenhado. Dessa fecundação lhe nasce um filho, Huitzil. Na hora última de sua morte, Coatlicue abre os braços e acolhe em seu flanco generoso todos os seres da Terra. Nas culturas antigas, a serpente (que muda de pele) simbolizava a sabedoria, a morte e o renascimento.

5 A SAÚDE E O CORPO

Os ossos. As funções de eliminação (intestino, reto), órgãos de reprodução masculinos e femininos (ovários, gônadas); óvulos e esperma. O suicida. As doenças graves. As deformidades. O aborto. A AIDS.

6 PALAVRAS-CHAVE
Abandono. Maledicência. Defeito. Insucesso. Dissolução. Luto. Fratura. Mutação. Desconhecido. Passagem. Limpeza. Colheita. Redemoinho. Iniciação. Renúncia. Renovação. Ciclo.

7 PERSONAGENS E ARQUÉTIPOS
Uma pessoa agonizante. Um mineiro. Uma técnica em química. Um padre. Um médium. Uma curandeira. Uma militar. Uma policial. Uma revolucionária. Uma vítima. Uma organizadora de funerais. Uma geneticista. Um arqueólogo. Um agente de seguros. Uma cuidadora de moribundos.

8 A MORTE E AS DÁDIVAS DO DESTINO
A mulher que encarna os atributos da Morte é uma pessoa que honra sua feminilidade. Sempre em busca dos meios para destacar sua sensualidade, ela é apaixonada, ardente e dada a um apetite voraz, não somente pela sexualidade, mas pela vida em geral.

Sedutora e sensual, cativante, encantadora, exalando erotismo, ela apresenta todas as suas qualidades de uma vez. Hábil em seduzir, adular, manobrar, manipular, dominar, explorar, ela pode trabalhar em qualquer área que exija sangue-frio, carisma e diplomacia.

Essa mulher mergulha no mundo subterrâneo em suas relações íntimas. Aceitando a intimidade física e psicológica com um outro ser humano, ela se expõe e partilha o que é tenebroso na natureza humana. E ela faz isso de maneira tão profunda e total que se impõe uma espécie de morte agindo assim. Por outro lado, se desce a seu mundo de trevas, ela descobre sua inveja, seu ciúme, sua raiva, sua necessidade de poder e de controle, bem como sua atração pelos cenários destrutivos da vida. Desenterrando sua sombra, iluminando-a com uma luz nova, essa mulher se encaminha para o verdadeiro conhecimento de si e se reconcilia com todos os aspectos de sua psique.

9 INTERPRETAÇÃO

A Morte pode significar, entre outras coisas:

Uma mudança completa da existência. Uma evolução importante, o fim de uma relação, o abandono de velhas ideias ultrapassadas.

Um luto. Uma transformação, uma fatalidade.

Uma mudança de consciência a respeito de um acontecimento doloroso.

Uma experiência sexual intensa. O orgasmo não é considerado como uma pequena morte?

Mudança completa de ambiente de trabalho.

Você aceita se descolar do seu passado e recomeçar tudo sobre uma base nova.

Você pode passar por uma provação.

Você utiliza sua sexualidade com o objetivo de ganhar poder sobre alguém.

Você está constantemente encolerizada e deprimida.

Você desperta sua Kundalini.

10 MEDITAÇÃO

Devo me submeter a um ritual de passagem simbólico?

Tenho medo da morte? Por quê?

A que, ou a quem, me prendo?

Como posso me desembaraçar das ideias errôneas que me impedem de viver?

Como posso me sentir mais viva?

O que acontece após a morte? Quais são minhas crenças?

Por que devo entrar neste mundo de trevas, deixando para trás meu passado?

Sobre qual antigo modo de vida estou prestes a derramar lágrimas?

Como posso renascer?

Você já viu uma pessoa morta? Com o que se parecia?

Você está de luto por alguém? Há quanto tempo chora essa perda?

Haverá um novo nascimento após esta morte?

11 AFIRMAÇÃO

Corto as cordas que me prendem ao passado doloroso e acolho meu renascimento em...

12 SIMBOLOGIA ATUAL

Todos sabemos que vamos morrer um dia, mesmo que ignoremos o lugar, a data e a hora. Angustiado diante da Morte, o ser humano acredita que pode escapar de sua ceifa. Fica aturdido, se ilude e consome com frenesi os alimentos materiais, intelectuais ou espirituais com o objetivo de repelir o último compromisso do seu destino, a morte.

Mas um dia, após uma doença, uma perda de emprego, o fim de uma relação sentimental, a perda de um ente querido, nossa máscara esboroa. Cai em farrapos como peles mortas. Vivemos então a hora obscura, a hora dolorosa da tomada de consciência do nosso fim inelutável. A vida perde a indiferença e sua aparência de eternidade.

Como podemos viver os ciclos de morte e renascimento que sobrevêm em nossa vida? Explorando o mais fundo de nossa dor, para lá recuperar aquilo que jaz enterrado, fechado, talvez perdido para sempre.

Todos os nossos processos de luto precisam incluir uma meditação sobre o sentido da vida e do pós-vida. Que ossos de nossa vida são enterrados? Os ossos são partes duras e sólidas que formam o arcabouço do corpo. O que resta após a morte? O que subsiste é o esqueleto de nossa vida e de nossas experiências. Como renascer após o desaparecimento de nossas ilusões, a morte real de um ser querido ou o fim de uma relação amorosa? Podemos suplicar à *mulher dos ossos*, velha sábia que aparece em um mito narrado por Clarissa Pinkola Estés em seu livro *Femmes qui courent avec les loups* [*Mulheres que Correm com os Lobos*], para que "ela dance sobre nossos ossos", como ela sugere no conto, para nos dar novamente vida.

13 INTEGRAÇÃO
A morte, uma certeza absoluta

Do mesmo modo que minhas células, meu espírito e minha alma se renovam constantemente.

Atividades propostas

Pare de fumar.

Faça seu testamento.

Escreva seu epitáfio.

Faça uma lista de tudo o que gostaria de dizer às pessoas que forem ao seu funeral. Por que não fazer isso agora?

Imagine a decoração e a ambiência do seu próprio funeral, bem como as pessoas presentes.

Faça uma visita a uma pessoa agonizante.

Escreva uma carta a uma pessoa querida falecida. Depois, queime-a.

Vá ao cemitério refletir junto ao túmulo de uma pessoa querida desaparecida.

Reze pelos mortos.

Leia um livro de Elisabeth Kübler-Ross ou Stephen Levine.

Procure conhecer mais a respeito do luto.

Informe a um membro de sua família que você deseja fazer uma doação de órgãos.

14 DESAFIO ESPIRITUAL – A DEUSA EM SI MESMA

A mulher que revela os dons, as atitudes e as virtudes do Arcano sem nome reconhece a natureza e o valor capitais das trevas e venera os mistérios da vida e da morte. Ao longo de suas numerosas encarnações, essa alma se dedica a renunciar a seus apegos, fazendo morrer em si a velha mulher existente. Durante sua vida atual, ela desenterra e limpa os ossos aniquilados no decorrer de suas vidas anteriores. Conduzida para o nada, ela abandona suas crenças, pondo fim a atitudes nulas, e se abre assim a uma consciência renovada de si mesma. Estudante da Cabala, reserva sempre um lugar importante para o Ser supremo em sua vida. Centelha divina, ela decifra, ao longo de uma nova iniciação, os segredos da morte e espera que sua alma reencontre sua medida nas esferas superiores, quando de sua passagem para o Oriente Eterno, e que seu espírito retorne para a Ogdóade, onde reside o Senhor. Essa morte, que ela aprisiona de vida em vida, converte-se pouco a pouco em enriquecimento, rejuvenescimento, renascimento, e, enfim, em ressurreição. Seu desafio espiritual se completa quando ela consente na transmutação de seu ego e admite que morrer em vida é a última aventura interior possível.

A TEMPERANÇA
Hamã e curandeira

1 NÚMERO
QUATORZE = 2 X 7. Sabe-se que o algarismo 7 representa a perfeição. Os antigos veneravam o algarismo 7 na harmonia celeste dos sete planetas e das sete notas musicais. Sagrado, o algarismo 7, somado a ele mesmo (7 + 7), indica união dos opostos, os princípios masculino e feminino levando a uma união interior, cumprimento da iniciação.

2 CORRESPONDÊNCIA ASTROLÓGICA
O signo de Aquário, cujos regentes são Saturno e Urano, representa ao mesmo tempo a investigadora austera e a humanista idealista. Simboliza ao mesmo tempo a independência e a cooperação. Seu lema é aquele da República francesa: liberdade, igualdade e fraternidade. Signo da nova era, em que desabrochará uma religião universal.

3 A MULHER AQUARIANA
Atributos do signo de Aquário

ELEMENTO	ENERGIA	PLANETA
Ar	Masculina e fixa	Saturno e Urano

As mulheres que têm o signo solar, o ascendente ou a Lua em Aquário estão bem à frente de seu tempo. São livres, originais, isentas e únicas. Receptivas, leem os espíritos e os corações. Elas se exprimem com bastante simplicidade. As aquarianas seduzem e conduzem os outros dando prova de lealdade. Cativam por suas maneiras agradáveis, sua espontaneidade e franqueza.

Altruístas, generosas e humanistas, as mulheres de Aquário assumem o comando nos movimentos humanitários e nos organismos dedicados às causas sociais. Elas exprimem seus ideais com coragem e convicção. Revolucionárias e reformistas, as aquarianas se dedicam a mudar o mundo e fazer evoluir a consciência humana. Seu temperamento excêntrico e obstinado atrapalha algumas vezes a realização desse objetivo. Elas precisam dar prova de mais discernimento ante si mesmas e conquistar maior disciplina pessoal antes de querer transformar os outros.

As mulheres de Aquário perseguem a liberdade a qualquer preço e militam pelos direitos dos homossexuais, pela ecologia, pelas espécies animais e vegetais em vias de extinção, pelo direito de morrer com dignidade e pela eutanásia. Presas do absoluto, elas afastam os outros se mostrando impacientes e muito revolucionárias, e com isso as pessoas perdem o interesse pelas suas cruzadas.

Atraídas pela numerologia, pela astrologia, pela música, pelas artes de cura, elas têm fome de natureza, de liberdade e de silêncio para descobrir, transmitir, consolar, inventar ou despertar. Elas perdem o interesse pelo seu corpo e não praticam muito esporte. Suas paixões são, sobretudo, intelectuais e espirituais. Dão sempre o melhor de si quando se dedicam a alguma atividade que as apaixona.

As mulheres aquarianas detestam a hipocrisia e a complacência, e falam a verdade. Manifestam suas ideias com bastante ênfase e confiança. Sua fala franca fere algumas vezes os outros.

São recomendadas atividades nas seguintes áreas profissionais: Astrologia, naturopatia, domínio artístico, hidroterapia, pesquisa, clarividência, atividades de aconselhamento, alquimia, cura espiritual (reiki), ciências sociais, técnicas eletrônicas, agência de viagens, economia, sindicalismo, jornalismo, acupuntura, radiestesia, religião, cinema, literatura, funções relacionadas aos aeroportos.

As cores benéficas à mulher de Aquário são: o azul e o cinza-prata. Usar um adereço de âmbar ou uma pérola negra lhe será benéfico.

Refrescante, a essência de eucalipto é excelente para as mulheres aquarianas, que precisam fazer exercícios respiratórios e de yoga para acalmar seu sistema nervoso muito solicitado.

4 FIGURA FEMININA: A FADA MORGANA

Na aurora do cristianismo, os romanos conquistam a Grã-Bretanha. Duas padroeiras druídicas da terra sagrada de Avalon, Viviana e a fada Morgana, guardiãs do saber ancestral, entram em combate contra os romanos para salvaguardar as tradições celtas. Para Morgana e Viviana, a tarefa se estenderá para sempre. Seu voto e sua missão: libertar a Grã-Bretanha do cristianismo e conduzir o povo à adoração da Deusa. A despeito das dores e malefícios que elas provocam em nome de sua Senhora, Morgana e Viviana, fortalecidas por sua fé ardente, não se dão por vencidas. Elas se resignam a que a taça sagrada, símbolo da Deusa, se eternize sob a aparência do cálice dos cristãos. Marion Zimmer Bradley descreve essa cruzada céltica – em que o sagrado, na confluência de dois universos opostos, se manifesta nas crenças, nos rituais, nas práticas e tradições divergentes – em dois livros: *Les Dames du lac* [*As Damas do Lago*] e *Les Brumes d'Avalon* [*As Brumas de Avalon*].

5 A SAÚDE E O CORPO

A respiração. Os meridianos. O corpo etérico. Os tornozelos e as pernas. A circulação do sangue. A coordenação dos movimentos. A elasticidade muscular. A radioterapia. A energia curativa da natureza. A acupuntura.

6 PALAVRAS-CHAVE

Repouso. Renovação. Comunhão. Via psíquica. Fusão. Integração. Cura. Equilíbrio. Poderes psíquicos. Transmutação. Força vital. Troca. Flexibilidade. Cooperação. Criatividade. Comunicação. Renascimento. Casamento. Reconciliação. Associação. Harmonia.

7 PERSONAGENS E ARQUÉTIPOS

Uma massoterapeuta. Uma curandeira. Uma comunicadora. Uma xamã. Uma mulher sábia. Uma acupunturista. Uma praticante de medicina natural. Um anjo guardião. Uma técnica em radiologia. Uma presidente de cooperativa. Uma mediadora.

8 A TEMPERANÇA E AS DÁDIVAS DO DESTINO

A mulher que encarna as qualidades da Temperança é alguém capaz de se centrar. Ela adora repartir suas paixões e fazer trocas com as pessoas em desenvolvimento. Pioneira enérgica, entusiasta, altruísta, de espírito petulante, ela nasceu para motivar, influenciar e inspirar. Xamã dos tempos modernos, ela muitas vezes manifesta um grau elevado de intuição e se dedica ao seu desenvolvimento espiritual. É apta a canalizar a energia do Universo para curar o corpo e a alma. Ela encontra seus guias em seus sonhos, acredita em suas mensagens, obtém ajuda do seu anjo da guarda e isso lhe permite profetizar, criar harmonia ao seu redor. Adepta do yoga, das medicinas da alma e do corpo, do ocultismo, ela pode ser uma ótima conselheira junto a pessoas com interesses variados.

Ela adora inventar novas técnicas, novos métodos, que lhe permitam ensinar o simbolismo do Tarô ou da astrologia, ou de qualquer outra arte curativa, de forma simples e eficaz. Nômade, ela se acredita divinamente protegida e segue seu caminho irradiando amor e verdade em torno de si. Uma guerreira valente, uma militante da paz e da harmonia no mundo.

9 INTERPRETAÇÃO

A Temperança pode significar, entre outras coisas, que:

Você atingiu equilíbrio, quer seja no plano psicológico, físico, emocional ou espiritual.

A vida lhe cobra dançar, correr, criar.

Você é uma fonte para os outros. Toma consciência de que tem ramificações com correntes exteriores a você.

Você tem a possibilidade de criar uma relação harmoniosa, um ambiente sereno e cheio de beleza.

Você precisa construir uma ponte entre duas pessoas de temperamentos diferentes.

Você está prestes a curar seus ferimentos físicos ou psicológicos.

Novos caminhos se abrem para você.

Você desenvolve uma paixão pela moderação, pela frugalidade, pela simplicidade.

Você começa a estudar naturopatia, acupuntura, cura espiritual ou alquimia.

Você aceita o sacrifício que acaba de fazer e se dedica a sua evolução pessoal.

Você começa uma pesquisa sobre a regeneração espiritual ensinada pela Gnose, por meio de leituras ou sob a orientação de um mestre espiritual.

10 MEDITAÇÃO

Está faltando equilíbrio, harmonia, em minha vida?

Quais são minhas necessidades? Elas estão satisfeitas?

Acredito na natureza e na proteção do meu anjo da guarda?

Sinto necessidade de expor minhas ideias aos outros?

Como posso descobrir as oportunidades que se oferecem a mim?

Como posso repartir aquilo que conquistei?

Como posso vir a ser um facilitador para as outras pessoas?

Sou capaz de me adaptar facilmente a uma nova situação? Sou aberto em relação a estrangeiros ou a novos conhecimentos?

Tenho necessidade de férias, de mudanças, de transformação?

Como posso exprimir a energia que tenho dentro de mim?

Qual o significado da palavra *cura* para mim? Que espécie de *cura* já experimentei?

Estou experimentando uma sensação de hipersensibilidade? A quê?

Acredito em milagres? Por quê?

Emprego meus recursos com bom senso para alcançar o equilíbrio e a harmonia em todos os aspectos da minha vida?

Estou prestes a reconciliar os aspectos masculino e feminino de minha natureza, para atingir a androginia espiritual?

11 AFIRMAÇÃO

Capto os influxos magnéticos que circulam em mim e ao meu redor e, portanto, redistribuo essas emanações cósmicas da seguinte maneira...

12 SIMBOLOGIA ATUAL

Hoje em dia, ouvimos falar, cada vez mais, sobre xamanismo. Cada vez mais pessoas se inscrevem em cursos e desembolsam quantias razoáveis para se tornar xamãs. Como se fosse possível aprender os rudimentos do xamanismo durante um curso de fim de semana! O termo xamã provém da Sibéria. O xamã reconhece que toda criação emana de uma Única fonte divina. Tudo é interdependente. O xamã é dotado da faculdade de entrar em transe, de viajar entre os mundos; ele sofre grandes provações, enfrenta até a morte, e cura-se a si próprio antes de estar pronto para curar os outros.

Atualmente, estamos apartados da energia da Mãe Terra e dos mundos invisíveis. Estamos feridos, fragmentados. A doença se manifesta sob a forma de traumas físicos, psicológicos ou espirituais.

Bem antes do xamanismo e das religiões fundadas sobre o patriarcado, as mulheres dos tempos antigos reconheciam que não havia qualquer diferença entre o espírito e a natureza, entre o mundo material e o mundo espiritual, entre o profano e o sagrado.

O arcano da Temperança nos diz que, em todos os tempos, as mulheres têm sido curandeiras. Mediadoras entre os mundos natural e espiritual, elas são herboristas, videntes, parteiras e visionárias.

Na Grã-Bretanha, eram chamadas de *witches* (bruxas), palavra derivada de *wit*, que significa "ver", "saber", "sabedoria". As mulheres desses tempos ancestrais eram adoradoras da Grande Deusa-Mãe. Sua observação da natureza lhes permitia descobrir e utilizar ervas medicinais, compreender a reprodução animal, assar o pão e o milho, e aprender os segredos do corpo e da alma. Dessa maneira, podiam ajudar as mulheres na hora do parto e curar ferimentos e doenças.

Em nossos dias, as mulheres procuram os feitiços mágicos lá onde a história os jogou no fogo. As xamãs modernas são curandeiras, herboristas, astrólogas, médiuns, videntes, naturopatas, massoterapeutas, técnicas em polaridade ou psicólogas.

No fluxo e refluxo da vida cotidiana, criamos a saúde e a doença, a abundância e a penúria, a alegria e a tristeza. Observando a saúde e a doença segundo as novas perspectivas da psicologia moderna, descobrimos que a doença nos oferece ocasiões de renascer. Cada etapa de nossa vida nos obriga a reconhecer um aspecto de nós mesmas, a aceitar e a integrar um novo eu, desconhecido até agora.

Por meio da doença, examinamos nosso modo de vida sob um novo ângulo. Isso nos permite captar e integrar a energia curativa da natureza e construir uma vida mais simples e mais conforme o nosso ideal.

13 INTEGRAÇÃO
Minha energia vem da terra e do céu

Respiro, rejuveneso, regenero-me, renasço e ressuscito aqui e agora.

Atividades propostas

Estude reflexologia, homeopatia, herborismo ou acupuntura.

Faça um curso de arteterapia.

Leia um livro de Ma Premo.

Tente visualizar seu anjo da guarda e entrar em contato com essa entidade celeste.

Ofereça a você um tratamento de polaridade.

Faça amor.

Comungue à maneira das mulheres sábias, das xamãs, com pão e vinho, ou bolo e suco de maçã.

Escute o disco *Bones*, de Gabrielle Roth.

Medite sobre a seguinte frase: *Quem quer ser anjo, acaba sendo besta.*

Visite uma igreja e admire os anjos.

Estude o livro de Barbara Ann Brennan, *Mãos de Luz.**

Leia a saga *Les enfants de la terre* [*Os Filhos da Terra*], de Jean M. Auel: 1. *Ayla, a Filha das Cavernas*. 2. *O Vale dos Cavalos*. 3. *Os Caçadores de Mamutes*. 4. *Planície de Passagem*. 5. *O Abrigo de Pedra*.

---

* Publicado pela Editora Pensamento, São Paulo, 1990.

14 DESAFIO ESPIRITUAL – A DEUSA EM SI MESMA

A mulher que revela os dons, as atitudes e as virtudes da Temperança respeita e honra os ritmos naturais consumados no âmago do mistério humano. Desde a mocidade, sendo de natureza aérea e angelical, ela eleva sua alma separando o sutil do denso e comunica-se com os anjos, que lhe desvendam a plenitude e os plenos poderes da Deidade. De encarnação em encarnação, ela construiu o *Antahkarana*, palavra sânscrita traduzida como "ponte do arco-íris". Esses feixes de luz são engendrados como uma teia de aranha. Essa teia espiritual ata as vibrações terrestre e celeste, simbolizando a comunhão entre a alma humana e o Espírito santo. Alquimista, ela recolhe as energias curativas da Natureza em uma urna de prata, regenera-as, verte-as para uma urna de ouro e as redistribui purificadas, magnetizadas e renovadas. Seu desafio espiritual se cumpre decifrando as mensagens vibratórias provenientes dos anjos da guarda, a fim de realizar curas milagrosas.

O DIABO

Dominado e subjugado

1 NÚMERO
QUINZE. Por que o DIABO aparece sob o número 15?

15 = (3 × 5). Três representa a trindade, imagem da divindade, e 5 é o algarismo do homem perfeito, simbolizado pelo pentagrama. Esse arcano nos encoraja a dominar as forças obscuras ativas no ser humano a fim de nos libertar da gravidade terrestre e, com a ajuda da graça divina, realizar nosso potencial divino.

2 CORRESPONDÊNCIA ASTROLÓGICA
O signo de Capricórnio em seu aspecto material, significando a ambição, o desejo de atingir o alto da montanha. Embora também possua sua polaridade espiritual, a maior parte do tempo este signo representa o poder, o combate e o êxito.

3 A MULHER CAPRICORNIANA
Atributos do signo de Capricórnio

ELEMENTO	ENERGIA	PLANETA
Terra	Feminina e cardinal	Saturno

A mulher que tem o signo solar, o ascendente ou a Lua em Capricórnio é uma contemplativa ativa para quem a lei e a ordem são valores essenciais.

Autodidata, ela é inteligente, capaz ao mesmo tempo de análise e síntese. Dotada de uma energia transbordante, ela é trabalhadora, criativa, obstinada, discreta e constante. Ambiciosa, ela persegue seus próprios interesses, quer sejam eles do mundo dos negócios, da política ou do social. Paciente e disciplinada, ela demonstra muita capacidade de concentração e também um sentido de organização fora do comum na realização de seus objetivos. Para a mulher de Capricórnio, o *status* e o poder são importantes. Ela tem bastante ambição e quer que a sociedade se beneficie com seus talentos. Às vezes é negligente em suas responsabilidades familiares, em benefício de sua vida profissional.

Interessa-se por história antiga, antropologia, ocultismo, pelos cultos primitivos e matrilineares e pela arqueologia.

Se for evoluída e introvertida, capta mensagens sutis pela voz de sua consciência. Naturalmente curiosa, bem organizada, paciente, ela é fascinada pela busca espiritual. Em geral silenciosa, ao mesmo tempo humilde e orgulhosa, a mulher capricorniana acumula as forças vivas durante a meditação, retirando-se para seu santuário, rezando e trabalhando por sua evolução. Voltada para seu íntimo, ela aspira descer de sua montanha, viver uma existência simples e ajudar os outros colocando seus talentos a serviço deles.

São recomendadas atividades nas seguintes áreas profissionais:

Agronomia, trabalhos rurais, arquivos, osteopatia, odontologia, lei, política, educação, religião, pesquisa, escultura, impressão, trabalho social, negócios, bancos, função pública, brechó, geologia, arquitetura, biblioteconomia etc.

As cores benéficas à mulher de Capricórnio são: cinza, preto, marrom-escuro e verde. Todo o domínio mineral está sob a influência de Saturno, o planeta de Capricórnio, e a pedra benéfica à mulher capricorniana é a safira azul.

A mulher de Capricórnio pode sofrer de artrite e de constipação. É recomendado que beba todos os dias uma infusão que misture malva, alcaçuz e unha-de-gato. As propriedades medicinais dessas plantas a ajudarão a superar a inflamação das articulações e ativarão seu intestino diariamente.

4 FIGURA FEMININA: LILITH

A tradição hebraica nos ensina que Lilith foi a primeira mulher de Adão e que foi criada ao mesmo tempo que ele. Segundo a lenda, Lilith teria exigido cavalgar Adão durante o ato sexual para não ficar em posição de inferioridade. Livre, selvagem e indomável, Lilith reivindica sua igualdade com Adão e, diante da recusa dele em se acasalar como ela queria, ela zomba dele, o maldiz e foge. Deus envia seus anjos para trazerem-na de volta, mas Lilith ignora suas súplicas e continua a se acasalar com o que a mitologia judaica chamou de *demônios*, que procuravam lhe proporcionar mais prazer do que o que tinha com Adão. Adão, abandonado, suplica a Deus que lhe arrume uma outra companheira, com quem possa se unir de maneira conveniente, segundo ele. Então Deus tira uma costela de Adão e cria Eva a partir dela. No Zohar, livro de tradição judaica, Lilith foi transformada em demônio e em mulher maldita.

5 A SAÚDE E O CORPO

A energia sexual. O câncer. As operações. As doenças venéreas. As anomalias congênitas. O instinto. A cura pela hipnose. Os erros médicos. A quimioterapia. A AIDS. A transexualidade. A ninfomania. O sadomasoquismo.

6 PALAVRAS-CHAVE

Paixão. Libido. Ego inflado. Desregramento. Tentação. Ciúmes. Guerra. Pânico Orgulho. Egocentrismo. Pulsão sexual. Terror. Obsessão. Infelicidade. Dinheiro. Poder. Brutalidade. Maquinações. Desordem. Medo. Opressão. Estagnação. Manipulação. Magia negra. Destruição. Corrupção.

7 PERSONAGENS E ARQUÉTIPOS

Uma conspiradora. Uma espiã. Uma hipócrita. Uma pessoa marota. Uma trágica. Uma obcecada por sexo. Um tirano. Uma manipuladora. Uma mulher poderosa. Uma pessoa muito ambiciosa. Um símbolo sexual. Uma pessoa carismática. Uma pessoa rica. Um bode expiatório. Uma prostituta. Uma criminosa.

8 O DIABO E AS DÁDIVAS DO DESTINO

Se a mulher que manifesta os atributos do Diabo estiver em um nível de consciência inferior, é obcecada, possessiva, se acredita poderosa, ainda que deva controlar sua natureza selvagem e atormentada. Durante sua vida, aprende duras lições sobre o poder, o controle e a manipulação. Frequentemente, ela atribuirá más intenções aos outros. Durante um período de sua vida, ela experimentará o lado obscuro das coisas e das pessoas, mas em seguida descobrirá sua parte luminosa. Ela deverá superar muitos obstáculos e eliminar as barreiras que criou para si mesma. E sofrerá as consequências kármicas de seus atos.

Essa mulher age às vezes de forma tirânica, cruel e sádica. Sem se dar conta, ela projeta seus defeitos no exterior, não percebendo que eles estão dentro de si, que precisa reconhecê-los e integrá-los a fim de atingir sua plenitude.

Se ela desenvolve uma busca espiritual, mede o valor da autodisciplina e dos sacrifícios. Ela toma consciência de que evoluiu de encarnação em encarnação e assume a responsabilidade de suas decisões e de seus atos, sem jogar vitupérios sobre os outros. Ela aprisiona sua natureza inferior, equilibra sua necessidade de poder, e sua grande capacidade de amor e de devotamento lhe permitem se consagrar ao bem-estar das pessoas em dificuldade.

Ela experimenta o processo evolutivo das leis cósmicas e esse saber lhe permite resistir ao desejo de cometer malvadezas, sabendo muito bem o preço que terá de pagar em troca.

9 INTERPRETAÇÃO

O diabo pode significar, entre outras coisas, que:

Você vive ou viverá em breve uma paixão sexual fulminante.

No trabalho, você está próxima de uma pessoa hipócrita.

Sua vida amorosa é estimulante. Seu parceiro a subjuga.

Sua sexualidade a embriaga.

Seu parceiro lhe é infiel.

Você arranja um amante.

Você está, no momento, prisioneira do poder que outra pessoa exerce sobre você.

Você abusa do seu poder sobre alguém.

Você está muito deprimida e tem pensamentos negativos.

Você é o mestre ou a vítima de uma situação?

Você deseja se vingar de uma afronta.

Você desempenha, contra a sua vontade, o papel de bode expiatório em uma crise.

10 MEDITAÇÃO

Do que tenho medo no momento? Em que aspecto de minha vida tenho a impressão de ser uma escrava?

Como posso canalizar e estruturar minhas energias e meus desejos de modo criativo e não manipulador?

Estou sob o domínio de alguma pessoa? Ou de alguma situação?

Tenho intenções diabólicas contra alguma pessoa?

Sou muito ambiciosa? Isso me leva a tirar vantagem de outras pessoas?

Tenho a impressão de ser subjugada sexualmente?

Descreva o que é para você uma mulher poderosa.

O que você admira em uma mulher poderosa?

Você já foi humilhada, desprezada, quando demonstrou certo poder?

Está cercada de inimigos? Tem a impressão de que alguém a vê como uma pessoa do mal?

11 AFIRMAÇÃO

Não me considero mais um ser superior; aceito ser confrontada com minhas trevas, minha sombra, o que me leva a...

12 SIMBOLOGIA ATUAL

Durante minha juventude católica, além de frequentar os sacramentos e a leitura dos Evangelhos, a formação religiosa incluía o estudo do catecismo. Pouco importa o nome que lhe era atribuído nesse pequeno manual de doutrinação – o *demônio*, o *anjo das trevas*, *Lúcifer*, o *Maligno* –, o diabo da tradição católica nos inspirava um horror e uma repulsa terríveis. As meninas, sem dúvida consideradas impuras ou mesmo possuídas pelo demônio, não tinham o direito de ajudar na missa, e os meninos, tanto quanto as meninas, eram educados no temor ao diabo.

Hoje em dia, nos apercebemos da presença do monstro por toda parte. O diabo tem muitas caras, disfarces variados. Nós o percebemos nas manchetes dos jornais, travestido de homem de Estado, no jornal da noite na televisão, camuflado sob uma feição guerreira, nos filmes de horror, vestido como policial em manifestações públicas, disfarçado como juiz nas cortes de justiça e dissimulado na violência de inúmeros jogos eletrônicos.

Muitos psicólogos afirmam que cada um de nós manifesta o diabo, quer sejamos uma pessoa civilizada ou um criminoso empedernido. Damos abrigo a um monstro aprisionado, ignorando em geral os aspectos sombrios de sua natureza, as forças inconscientes que dormem nele – o que Jung identificou como "a sombra" no interior de nossa psique. Ainda que desenvolvamos os esforços ilusórios para reprimir os intentos malévolos desse personagem odioso e repugnante, ele costuma aparecer nos descontroles de nossa vida cotidiana e faz de nós seus escravos, aproveitando-se de nossos medos, nossas falhas, nossos vícios e nossa avidez por poder.

Confrontando-nos com nossas trevas interiores, nossa sombra projetada constantemente sobre o outro, o diabo para de nos aterrorizar e nós nos tornamos o que nunca deixamos de ser, ou seja, seres humanos imperfeitos, mas completos.

13 INTEGRAÇÃO
As trevas em mim

Não me prendo mais a um ideal determinado e me abro a todos os aspectos do meu ser.

Atividades propostas

Visite um *sex shop*.

Assista a um filme de sexo ou de terror.

Escreva a algum detento ou visite uma pessoa na prisão.

Consulte uma sexóloga.

Visite um museu da guerra.

Consulte um hipnotizador.

Visite um portador do vírus HIV.

Vá ao teatro para assistir a uma tragédia.

Escute o *Bolero* de Ravel na companhia de uma pessoa amada.

Faça a lista de tudo aquilo que lhe causa medo.

Torne-se membro da Anistia Internacional ou faça uma doação.

Dê um presente bem caro.

Assista ao vídeo *Le temps des bûchers* [*O Tempo das Fogueiras*], de Donna Read (Office National du Film, do Canadá).

Leia um romance policial.

Torne-se a madrinha de um alcoólatra, dando o suporte necessário para que deixe o alcoolismo.

14 DESAFIO ESPIRITUAL – A DEUSA EM SI MESMA

A mulher que revela os dons, as atitudes e as virtudes do Diabo está encarnada, privada de luz e sob o domínio de pulsões e de forças repressivas inconscientes. Dominada por seu desejo de poder e de dominação sobre o outro, esta alma foi severamente punida ao longo de numerosas encarnações, quando confirmou suas tendências tirânicas, sádicas ou cruéis. Escrava de suas obsessões sexuais, essa centelha divina aprisionada no corpo se libertou de suas algemas e juntou, de vida em vida, os elementos tenebrosos de sua psique, confrontando-os à luz do Espírito divino. Peregrina caminhando sobre a via iniciática, ela cumpre seu desafio espiritual soltando ainda uma vez seus demônios para um combate sem piedade, dando suporte a outras mulheres engajadas na mesma luta interior, revelando-lhes as pistas inexploradas do caminho da conquista de si e lhes transmitindo a chama da vitória.

A CASA DE DEUS
Rebelde e indomável

1 NÚMERO
DEZESSEIS. Este arcano, também chamado "a Torre", leva o número 16. Quadrado de 4, este número simboliza o orgulho do homem e seu desejo insaciável de perfeição material, portanto, magnetizado para a catástrofe. Ele é também o dobro de 8, número do equilíbrio e da justiça, simbolizando também na tradição budista o eterno ciclo dos renascimentos.

2 CORRESPONDÊNCIA ASTROLÓGICA
Antes da descoberta de Plutão, Marte foi o primeiro regente do signo de Escorpião. Marte simboliza o instinto sexual e as pulsões agressivas, o desejo de se elevar acima da peleja, a coragem de suportar as misérias da encarnação, o gosto pela luta e pela ação e o risco da queda.

3 A MULHER ESCORPIANA E MARCIANA
Atributos do signo de Escorpião

ELEMENTO   ENERGIA   PLANETA
Água   Feminina e fixa   Marte e Plutão

As mulheres que têm o signo solar, o ascendente ou a Lua em Escorpião são pessoas que amam viver à beira de um precipício! Intensas, tensas, encarniçadas, as mulheres de Escorpião se obrigam a censurar seus desejos por medo de serem subjugadas pelo poder deles. Elas dispõem de uma vontade férrea, de uma energia fora do comum para recuperar e se regenerar no plano físico, mental, intelectual ou espiritual. Além disso, têm talento para inspirar e motivar. Ninguém resiste ao seu poder.

Cativantes, encantadoras, dotadas de um magnetismo imenso, sedutoras, essas mulheres exploram constantemente sua sensualidade. Possessivas e ciumentas, fazem uso do poder da sexualidade para atrair e aprisionar seu parceiro amoroso. Irresistíveis, são habitualmente fiéis. Se as mulheres de Escorpião são traídas ou subjugadas por seu parceiro amoroso, elas não têm nenhum escrúpulo em promover uma vingança.

Visionárias, intuitivas, proféticas, fascinadas pela sexualidade, a morte e o ocultismo, elas podem se servir de seus dons no curso de todas as atividades cotidianas. Seu subconsciente está repleto de segredos aos quais elas buscam ter acesso. Secretas, não se revelando jamais, elas procuram descobrir as motivações escondidas atrás das ações alheias. Um dia elas se veem cercadas de inimigos; no outro, experimentam medos indescritíveis e têm presságios funestos. Em outros períodos, acreditam-se traídas ou se imaginam abandonadas.

São recomendadas atividades profissionais como:

Ginecologista, sexóloga, conselheira espiritual, psicóloga, curandeira, vidente, médium, parteira, técnica em radiologia, massoterapeuta, bióloga, organizadora de funerais, tanatologista, detetive, espiã, encarregada de cuidados médicos, farmacêutica, agente de seguros, educadora, musicoterapeuta, herborista.

As cores benéficas à mulher de Escorpião são: o preto, o branco e o vermelho, todas três cores do processo alquímico.

4 FIGURA FEMININA: KALI

Kali, deusa tríplice hindu da criação, da preservação e da destruição, representa a imagem arquetípica da mãe que, ao mesmo tempo, dá a vida e a toma. Em todas as culturas antigas, essa figura simboliza a inexorável realidade da morte. Ela é frequentemente representada exibindo um colar de crânios humanos, representando os vícios próprios da humanidade: a luxúria, a inveja, a ira, a vaidade, a maledicência, a gula e a preguiça. Kali, a terrível, a destruidora, é aquela que elimina nossos defeitos, um a um, até que nos tornemos conscientes de nossos erros.

5 A SAÚDE E O CORPO

Os acidentes. Os espasmos. As febres. As queimaduras. Os acidentes vasculares. A acne e o eczema. O ego inflado. As crises psíquicas. O nervosismo. A epilepsia. Os ataques nervosos. A megalomania. Os impulsos elétricos das células nervosas. A eletrocussão. As cirurgias.

6 PALAVRAS-CHAVE

Mutação inesperada. Ira. Punição. Orgulho. Opressão. Transformação. Cataclismo. Conflito. Queda. Sentença do destino. Despertar espiritual. Desmoronamento. Raiva. Doença grave. Acidente. Terapia de choque. Grande limpeza. Desastre. Caos. Escândalo. Crise. Destruição. Impulso súbito. Catástrofe. Morte. Mania de grandeza.

7 PERSONAGENS E ARQUÉTIPOS

Todos os trabalhadores da construção. Uma alpinista. Uma bombeira. Uma meteorologista. Uma técnica nuclear. Um engenheiro elétrico. Todos os que trabalham com eletrônica. Um militar. Uma cirurgiã. Um sismólogo. Uma neurologista.

8 A CASA DE DEUS E AS DÁDIVAS DO DESTINO

A mulher que manifesta os atributos da Casa de Deus é uma pessoa que vive de maneira dramática, trágica, apaixonante, perigosa e movimentada. Verdadeiro dínamo, enérgica, alerta, ardente de um fogo interior, essa mulher exigente suscita muita resistência em torno dela, mas a reclama. Autoritária, agressiva, teimosa, impulsiva, franca, apaixonada, segura de si, reformadora, insaciável, flamejante, pretensiosa, ela é, antes de tudo, uma alma em desenvolvimento.

Ela granjeia muitos inimigos e não sabe de onde, nem quando, nem como virá o choque ou o despertar.

Ávida de poder e glória, ela os alcançará quando, no curso de sua evolução, se der conta do lado destrutivo de sua natureza e respeitará as pessoas ao seu redor. Ela tem a capacidade de mover montanhas, caso se dedique a isso. É uma Joana d'Arc dos tempos modernos.

9 INTERPRETAÇÃO

A Casa de Deus pode significar, entre outras coisas, que:

Você está prestes a viver, ou viverá em breve, uma desastrosa mudança súbita e inesperada.

A Casa de Deus anuncia, às vezes, um acidente.

Você tem uma raiva reprimida contra alguém ou alguma coisa.

Você perdeu o controle sobre sua vida.

Você peca por excesso de orgulho.

Você tem uma revelação a respeito do rumo da sua vida.

Diante de uma situação, suas esperanças acabam de ser aniquiladas.

Você sofre um grande prejuízo no campo profissional.

Você perde muito dinheiro na Bolsa.

Você precisa passar por uma cirurgia.

Você caminha direto para uma catástrofe, por imprudência ou temeridade.

Você experimenta uma interrupção voluntária de gravidez ou faz um aborto.

10 MEDITAÇÃO
Tenho medo de ver e de compreender o que acontece atualmente em minha vida?

Estou prestes a viver uma transição importante em meu trabalho, em meus amores, em minha saúde? Qual é a mensagem que pressinto ou que reprimo?

Estou exposta a algum perigo? Há alguma calamidade iminente? Recebi alguns avisos?

Como posso me adaptar melhor às circunstâncias difíceis que vivo no momento?

Tenho inimigos ou aliados para encarar nesta situação caótica?

A mudança é inevitável? Tenho a sensação de viver uma situação kármica? Posso resistir a este abalo?

Por que é que eu não desisto? Por que rejeito a lição?

Será que minhas ideias e minhas atitudes me limitam?

Tenho a impressão de me elevar acima das pessoas?

Ao olhar dos outros, tenho uma postura tão rígida quanto uma torre diante de uma dada situação?

11 AFIRMAÇÃO
Preservo meu sangue-frio diante de uma grande mudança que se realiza em minha vida atualmente. Essa destruição vai dar lugar a uma grande criatividade. Ela vai se traduzir em...

12 SIMBOLOGIA ATUAL
Como abordar a simbologia da Casa de Deus? Em certos jogos de Tarô anglo-saxões, este arcano é chamado de "a Torre". O que é uma torre? É uma construção alta ou um imóvel com muitos

andares. O traço principal dessas construções é que elas dominam orgulhosamente os edifícios ao seu redor. Lembremos da torre de Londres, da torre Eiffel, da torre de Pisa. Estruturas erguidas pelo ser humano para se ufanar e manifestar ao mundo o seu poder.

O mundo inteiro assistiu impotente e consternado ao desmoronamento das torres gêmeas do World Trade Center. Será que, depois do choro, da indignação e da limpeza dos destroços, os políticos e o público em geral refletiram sobre essa catástrofe, que chama a atenção para os símbolos da democracia, as realizações do mundo ocidental e os emblemas do poder e do dinheiro?

Meditar sobre o sentido dessa tragédia poderá nos esclarecer e nos revelar o que realmente aconteceu naquele dia funesto de setembro de 2001. O que faz falta no mundo atual? Onde estão as desigualdades? A que mudanças resistimos? O que estamos esperando para promover os ajustes necessários a fim de evitar outras calamidades da mesma natureza, outros desmoronamentos de torres?

A Casa de Deus nos convida a meditar sobre nossas prisões interiores. Que crenças nos aprisionam? Quais certezas nos atam? Que prejulgamentos nos fecham? Como estabelecer comunicação com o outro?

A Casa de Deus nos força a nos libertar de nosso ego, de nossa sede de poder e de dinheiro, de nossos apegos a nossas ilusões. Ela ilustra a sorte que nos espera se continuarmos a satisfazer nossas vaidades pueris.

13 INTEGRAÇÃO
Minha destruição ou minha libertação?

Promovo a demolição de minha torre interior e triunfo sobre minha arrogância.

Atividades propostas

Recicle, reutilize e reduza os produtos e serviços que você consome.

Vá a uma sauna.

Visite uma torre de escritórios.

Alugue o filme *Hiroshima* ou o *Inferno na Torre*.

Admita a possibilidade de mudar de carreira.

Tome as rédeas de sua relação sentimental ou se divorcie.

Venda seu carro, sua televisão.

Não consuma energia elétrica durante um dia inteiro.

Quebre seus cartões de crédito em pequenos pedaços. E jogue fora.

Faça uma visita a alguém que esteja com câncer ou AIDS.

Comece uma psicoterapia.

Assista a uma reunião política.

Visite alguém na prisão.

14 DESAFIO ESPIRITUAL – A DEUSA EM SI MESMA

A mulher que revela os dons, as atitudes e as virtudes da Casa de Deus está aprisionada a um terrível karma ligado à confrontação de suas ideias e suas crenças com as normas sociais e as autoridades profanas. De encarnação em encarnação, ela não soube dominar seus desconfortos, suas contrariedades, suas pulsões inconscientes, suas tendências autodestrutivas, o que a conduziu a experiências extremas, obrigando-a a mudar tragicamente seu sistema de valores, a elevar seu nível de consciência e, assim, poder se regenerar. Batalhadora, obstinada perseguidora da verdade, essa mulher enfrenta corajosamente seus dramas interiores e reconstrói sua personalidade muitas vezes abalada; ela encara seu desafio espiritual jogando por terra seus velhos modelos de pensamento egoístas e tomando o caminho do questionamento cotidiano.

A ESTRELA

Musa e profetisa

1 NÚMERO DEZESSETE. A carta da Estrela tem o número 17. O número 17 reduzido: 1 + 7 = 8. Os gnósticos, iniciados desde os primeiros séculos do cristianismo, acreditavam-se submissos à fatalidade planetária e aspiravam à regeneração da alma libertando-se das cadeias do Destino, isto é, das paixões e dos vícios representados pelos sete planetas. Assim, segundo eles, o objetivo supremo da vida consistia em ascender ao mundo divino, atravessando as sete esferas planetárias do Hebdômade que haviam transposto desde a Queda, para ascender à Ogdóade e se fundir na Deidade. O 17 evoca o renascimento, a regeneração, a libertação, o retorno à luz original, a imortalidade.

2 CORRESPONDÊNCIA ASTROLÓGICA
O signo de Aquário, cujos regentes são Saturno e Urano, representa, ao mesmo tempo, a investigadora austera e a humanista idealista. Simboliza ao mesmo tempo a independência e a cooperação. Seu lema é aquele da República francesa: liberdade, igualdade e fraternidade. Signo da nova era, em que desabrochará uma religião universal.

Urano, planeta regente de Aquário, junto com Vênus. O planeta Vênus está associado à deusa Ishtar, Deusa do amor, da graça e da beleza. Urano, planeta que desperta os adormecidos, abala os espíritos e incita os seres humanos à tomada de consciência.

3 A MULHER DE AQUÁRIO
Atributos do signo de Aquário

ELEMENTO	ENERGIA	PLANETA
Ar	Masculina e fixa	Saturno e Urano

As mulheres que têm o signo solar, o ascendente ou a Lua em Aquário estão bem à frente de seu tempo. São livres, originais, isentas e únicas. Receptivas, leem os espíritos e os corações. Elas se exprimem com bastante simplicidade. As aquarianas seduzem e conduzem os outros dando prova de lealdade. Cativam por suas maneiras agradáveis, sua espontaneidade e franqueza.

Altruístas, generosas e humanistas, as mulheres de Aquário assumem o comando nos movimentos humanitários e nos organismos dedicados às causas sociais. Elas exprimem seus ideais com coragem e convicção. Revolucionárias e reformistas, as aquarianas se dedicam a mudar o mundo e fazer evoluir a consciência humana. Seu temperamento excêntrico e obstinado atrapalha algumas vezes a realização desse objetivo. Elas precisam dar prova de mais discernimento ante si mesmas e conquistar maior disciplina pessoal antes de querer transformar os outros.

As mulheres de Aquário perseguem a liberdade a qualquer preço e militam pelos direitos dos homossexuais, pela ecologia, pelas espécies animais e vegetais em vias de extinção, pelo direito de morrer com dignidade e pela eutanásia. Presas do absoluto, elas afastam os outros se mostrando impacientes e muito revolucionárias, e com isso as pessoas se desinteressam de suas cruzadas.

Atraídas pela numerologia, pela astrologia, pela música e pelas artes de cura, elas têm fome de natureza, de liberdade e de silêncio para descobrir, transmitir, consolar, inventar ou despertar. Não se interessam pelo seu corpo e não praticam muito esporte. Suas paixões são, sobretudo, intelectuais e espirituais. Dão sempre o melhor de si quando se dedicam a alguma atividade que as apaixona.

As mulheres aquarianas detestam a hipocrisia e a complacência, e falam a verdade. Manifestam suas ideias com bastante ênfase e confiança. Sua fala franca fere algumas vezes os outros.

São recomendadas atividades nas seguintes áreas profissionais:

Astrologia, naturopatia, domínio artístico, hidroterapia, pesquisa, clarividência, atividades de aconselhamento, alquimia, cura espiritual (reiki), ciências sociais, técnicas eletrônicas, agência de viagens, economia, sindicalismo, jornalismo, acupuntura, radiestesia, religião, cinema, literatura, funções relacionadas aos aeroportos.

As cores benéficas à mulher de Aquário são: o azul e o cinza-prata. Usar um adereço de âmbar ou uma pérola negra lhe será benéfico.

Refrescante, a essência de eucalipto é excelente para as mulheres aquarianas, que precisam fazer exercícios respiratórios e de yoga para acalmar seu sistema nervoso muito solicitado.

4 FIGURA FEMININA: INANNA / ISHTAR

Deusa do céu e da terra, representada por uma estrela de oito pontas, era honrada pelos sumerianos sob o nome de Inanna, enquanto os babilônios a veneravam como Ishtar. Sua irmã, a deusa Ereshkigal, lhe impõe a nudez completa para penetrar em seu reino dos mortos. Ishtar, cujo nome significa "estrela", "rainha do céu", obedece às ordens. A cada uma das sete portas que levavam a esses domínios, ela devia abandonar um de seus adereços. De início, Inanna/Ishtar se desfaz de sua coroa astral, depois de seus brincos, de seu colar, de seu cinto dourado, de seus braceletes e das correntes que ornam seus pés, e, por fim, se desnuda. Tendo essa breve temporada no reino dos mortos semeado a desolação sobre a Terra, Inanna/Ishtar, deusa do amor e da voluptuosidade, volta ao encontro dos seres humanos depois de ter sido aspergida com aguardente. Símbolo da morte e do renascimento, a deusa Ishtar, aquela que honra a sexualidade e a torna sagrada, é encontrada em inúmeras tumbas babilônicas sob a forma de pequenas estátuas de alabastro, com a fronte enfeitada de rubis. Recentemente, um templo da deusa Ishtar foi descoberto no sul do Iraque (*La Presse*, setembro de 2001).

Para saber mais: *La Déesse retrouvée* [*A Deusa Reencontrada*], de Sylvia Brinton Perera.

5 A SAÚDE E O CORPO

O toque. Os cuidados com a pele. Os hormônios sexuais (Urano e Vênus). A carne. Os banhos quentes e frios. As curas termais. O nudismo. A naturoterapia. O herborismo. O vegetarianismo. A homeopatia. A aromaterapia.

6 PALAVRAS-CHAVE

Natureza. Purificação. Misericórdia. Alegria. Inspiração artística. Altruísmo. Despertar espiritual. Esperança. Voluptuosidade. Felicidade. Destino. Ideal. Beleza. Astrologia. Intuição. Premonição. Futuro. Proteção. Romantismo. Erotismo. Dons do destino. Receptividade. Nascimento. Regeneração. Retorno às Fontes. Inspiração.

7 PERSONAGENS E ARQUÉTIPOS

Uma mulher consoladora. Uma mulher bela. Uma poetisa. Uma artista. Uma esteticista. Uma decoradora. Uma restauradora de arte. Uma astróloga. Uma paisagista. Uma naturopata. Uma hidroterapeuta. Uma herborista. Uma curandeira espiritual. Uma profetisa. Uma intérprete de sonhos. Uma mulher desperta. A Verdade nua.

8 A ESTRELA E AS DÁDIVAS DO DESTINO

A mulher que encarna os atributos da Estrela é uma alma receptiva, divinamente inspirada. É uma pessoa natural, serena e verdadeira, em busca de uma vida simples, sem sacrifícios. Tendo rejeitado as mentiras e as complicações da sociedade, essa mulher conseguiu deixar para trás seu desejo de dominação e tem a autoestima na justa medida. Aprendeu a observar e a esperar, a comparar e a medir antes de tomar uma decisão final. Pessoa ativa física e espiritualmente, ela descobriu, após um longo percurso, que a verdade se apresenta simples e nua. Nada mais. Ela não tem necessidade de se evadir, de se distrair, de complicar sua vida.

Mulher de vanguarda, costuma ser qualificada como única. Ela decifra os espíritos e penetra nos segredos dos corações. Ela se destaca em sua vocação para despertar consciências. Altruísta, interessa-se pelos seres humanos e participa de grupos ou movimentos de caráter humanitário. Por sua simplicidade e naturalidade, ela não tem nenhuma necessidade de seduzir e, portanto, atrai frequentemente um parceiro inteligente e sábio, e passa a vida com muito amor e harmonia em sua companhia.

Ela cativa as pessoas por sua generosidade, simplicidade e empatia. Amigos invisíveis e ajudas espirituais estão sempre a postos para protegê-la e guiá-la.

Atraída pela numerologia, pela astrologia, pela música, pelas artes e pela meditação, ela precisa da natureza, da simplicidade e do silêncio para descobrir, transmitir, consolar, inventar ou provocar. É uma pessoa que está em contato permanente com a Grande Deusa, a Mãe Terra.

9 INTERPRETAÇÃO

A Estrela pode significar, entre outras coisas, que:

Você deve seguir sua estrela para não esquecer que tem uma viagem a empreender, uma história a viver no fim desta noite.

Você tem necessidade de ficar junto à natureza, ao pé das estrelas, das plantas, dos animais, dos pássaros e da água.

Você libera sua criatividade. E explora um novo talento.

Você aprende o que significa se amar. Você começa a ter estima por si mesma.

Você reconheceu que precisa de disciplina e ordem em sua vida.

Você precisa conquistar uma vida simples, uma vida zen, natural. Pode se dar ao direito de viver esse gênero de vida? Aliás, o que a obriga a ter uma vida agitada e superficial?

Você examina quais são suas esperanças para o futuro.

Talvez tenha chegado a hora de se iniciar na meditação, na poesia, na astrologia, no I Ching ou no Tarô.

Você se torna o centro das atenções, "a estrela". E recebe um reconhecimento público.

Dedique-se agora a cuidar de si mesma. Faça uma massagem. Tome banhos quentes.

10 MEDITAÇÃO

Em qual aspecto da vida sinto-me renascer?

Recebi alguma inspiração recentemente?

Quais são meus ideais, meus objetivos e minhas esperanças?

Sinto necessidade de repouso, de ser receptiva às energias sutis que me rodeiam?

Será que desdobro esforços constantes para me regenerar, para renascer?

Será que acredito em minha estrela? E essa crença me protege de uma ameaça invisível?

Sou predestinada ou posso usar meu livre-arbítrio para comandar minha vida?

Escreva algumas linhas sobre quais eram suas esperanças quando tinha 15 anos, 25 anos, 35 anos e sua idade atual. Realizou alguns de seus sonhos?

Escreva um pequeno poema ou uma curta canção de agradecimento por todas as bênçãos que recebeu até agora.

11 AFIRMAÇÃO

Acredito em minha boa estrela. Seguindo os astros de meu destino, simplifico minha vida e isso me faz renascer. Essa ressurreição acontece no plano...

12 SIMBOLOGIA ATUAL

O arcano da Estrela nos lembra que o céu e a terra são ligados. A lei das correspondências diz que: *Assim em cima como embaixo.*

Atualmente, cada vez mais pessoas estudam astrologia para aprender a se conhecer, a utilizar melhor seu potencial, a decifrar seu destino e viver uma vida mais rica.

O que é a astrologia? A astrologia é uma linguagem, uma arte e uma ciência que estuda as relações entre os planetas, os seres humanos e os acontecimentos aos quais eles são confrontados. A palavra "astrologia" vem de duas raízes gregas, *astron* (estrela) e *logos* (palavra ou linguagem), e significa literalmente "linguagem dos astros". Aprender astrologia e praticá-la nos permite conhecer o ser humano e o lugar que ele ocupa no cosmos.

A astrologia não afirma que os planetas influenciam os indivíduos de qualquer maneira que seja. O lugar em que se localiza o planeta Vênus no céu hoje em dia não tem absolutamente nada a ver com o desenvolvimento de suas qualidades e o desenrolar de sua existência. Então, por que a astrologia funciona? Ela desempenha seu papel nos fazendo descobrir que forças idênticas põem em movimento os planetas e os seres humanos. Nós somos feitos da mesma substância dos planetas, de "poeira de estrelas", segundo Hubert Reeves, e seguimos os mesmos ciclos e obedecemos aos mesmos modelos que os corpos celestes.

Graças à astrologia, podemos desvendar os cenários de nossa vida e avaliar nossa porção de responsabilidade nas estratégias que desenvolvemos. Com a ajuda dessa arte de exploração de si, podemos avaliar e decifrar se trabalhamos em comum com as forças planetárias. É muito mais importante saber o que queremos realizar durante nossa vida do que temer o que os planetas nos reservam. Afinal de contas, utilizar a astrologia nos permite viver em harmonia conosco, com o universo e com os outros.

13 INTEGRAÇÃO
Minha busca de revelação
Abro-me à inspiração da Grande Deusa-Mãe.

Atividades propostas
Diga unicamente a verdade durante um dia inteiro, ou se cale.
Marque hora em uma esteticista.
Tome um banho quente perfumado com óleo essencial de *ylang-ylang*.
Leia o livro *Vivre simplement pour vivre mieux* [*Viva Simplesmente para Viver Melhor*], de Philippe Lahille.
Consulte uma astróloga.
Faça uma excursão na natureza.
Visite um observatório astronômico.
Faça uma sauna.
Durma ao ar livre numa noite de verão.
Toque em alguma pessoa.

Receba ou faça em alguém uma massagem com óleos essenciais.
Faça um retiro em um centro de meditação.

14 DESAFIO ESPIRITUAL – A DEUSA EM SI MESMA

Ajoelhada, tão nua quanto a verdade, versada em decifrar os símbolos e os signos, a mulher que revela os dons, as atitudes e as virtudes da Estrela dá uma demonstração de humildade e de receptividade ativa às energias espirituais, conectando-se assim com as vibrações divinas. Encarnação da esperança, receptáculo dos influxos divinos graças ao despertar dos chakras, essa mulher se livrou dos fantasmas e das quimeras de seu espírito ao longo de suas vidas anteriores e abraçou a fé na imortalidade da alma.

Preenchida pela graça divina, sua busca da taça do Graal a leva a se apoderar da unidade do cosmos, das constelações e de todos os seres vivos. Redentora e elucidativa, essa alma despertada, irrigando as vozes do Feminino Sagrado, faz jorrar sobre as mulheres no caminho da busca uma água clara e límpida. Ela lhes ensina a rejuvenescer, a se regenerar, a renascer e a ressuscitar. Ela cumpre seu desafio espiritual derramando, qual uma fonte, o conteúdo do vaso sagrado sobre a terra ressecada, guiando as neófitas em direção ao seu reino interior e lhes desvendando como se entregar à Divindade.

A LUA
Misteriosa e fecunda

1 NÚMERO
DEZOITO. Reduzido, o número 18 resulta em 9, evocando o arcano do Eremita. Clareada pela Lua, refletindo a luz do Sol, a neófita prossegue em seu caminhar que a levará das trevas para a luz. A adepta fica atenta às miragens que balizam seu itinerário e se mantém à espreita das ilusões que elas sustentam. Decompondo o número 18, nos números 10 e 8, temos também a perfeição divina do número 10 no Antigo Testamento, e do 8, número de Cristo, redentor do Novo Testamento.

2 CORRESPONDÊNCIA ASTROLÓGICA
A Lua, planeta regente do signo de Câncer. Planeta das profundezas insondáveis do ser e do princípio feminino da vida. Planeta da imaginação, dos mitos, das lendas, da nostalgia de um paraíso perdido, ela simboliza a iniciação nos mistérios da criação.

3 A MULHER CANCERIANA
Atributos do signo de Câncer

ELEMENTO	ENERGIA	PLANETA
Água	Feminina e cardinal	Lua

A mulher que tem o signo solar, o ascendente ou a Lua em Câncer é muito sensível; é discreta, de comportamento reservado, calma e muito impressionável. Ela é frequentemente dotada do dom da vidência ou da telepatia.

A mulher de Câncer tem sonhos premonitórios, proféticos. Ela pode confiar em sua imaginação, em seus pressentimentos, suas intuições e sensibilidade para conduzir sua vida.

A canceriana teria amado viver na época vitoriana. Frequentemente, sua morada reflete as qualidades desse tempo passado. Para capturar a beleza e o charme desse período, ela se interessa por genealogia, história e antiguidades. Ela adora se abastecer de histórias. Dá preferência à leitura de biografias de mulheres célebres porque adora se imaginar no lugar delas, reivindicar suas façanhas e vibrar com suas emoções.

Dona de um forte instinto maternal, a mulher de Câncer adora seus filhos, mima-os exageradamente e os defende contra tudo e contra todos.

Essa mulher teme um futuro triste. Para sentir-se segura, ela investe em bens materiais. Se você é amiga de uma mulher canceriana, um dia vai vê-la forte e charmosa e, no dia seguinte, uma criança frágil e medrosa. Ela sofre as variações de seu estado psicológico oscilante conforme as fases da Lua.

Dotada de um radar extremamente sensível, a mulher de Câncer tem o poder de ler os sinais emanados pelo outro. Para agradar, essa mulher terna, amorosa, que tem o coração na mão, está sempre pronta a ajudar as pessoas ao seu redor, a encher a taça do outro, mas tem dificuldade de prover o necessário para si própria e pode morrer de fome socorrendo os vampiros e parasitas que se aproveitam de suas benesses.

São recomendadas atividades nas seguintes áreas profissionais:

Serviço público, educação, hotelaria, culinária, cuidados com crianças, enfermagem, imobiliária, teatro, navegação, ocultismo, vidência, nutrição, comércio de ervas medicinais, floricultura, artes (pintura, literatura e música), comércio relacionado com líquidos e bebidas, cafés e restaurantes, hospitais, casas de repouso, agências de viagem, curandeira, parteira.

As cores benéficas à mulher de Câncer são: todas as nuances de branco, cinza, azul e verde-claro. É interessante que use pérolas, uma pedra da lua ou adereços de prata, pois todas essas preciosidades simbolizam a Lua, o astro que a rege.

Para se concentrar e se regenerar, a canceriana pode montar o que chamamos de um jardim de Maria, composto unicamente de plantas que levam o nome de Maria, como a erva-de-santa-maria (*Chenopodium ambrosioides*), erva-maria (*Ageratum conyzoides*), luvas-de-nossa-senhora, ou dedaleira (*Digitalis purpurea*), maria-milagrosa (*Cordia verbénacia*).

Se tiver o hábito de acender incensos, que use a essência de madeira de sândalo, que a ajudará a harmonizar seu lugar sagrado quando se dedicar aos seus rituais de vidência ou às suas práticas religiosas.

É recomendado que faça, ao menos uma vez na vida, uma peregrinação à Catedral de Chartres, à abadia de Vézelay ou a Rocamadour, e que se ajoelhe diante da Virgem negra, a Virgem dos druidas.

4 FIGURA FEMININA: HÉCATE

Rainha da noite, Hécate, deusa tríplice grega, governa as três fases da Lua. Age sobre os seguintes domínios: a magia, os rituais, a visão profética, o nascimento, a morte, o mundo subterrâneo e os segredos da cura. Madrinha das encruzilhadas dos caminhos, a deusa lunar Hécate é representada na companhia de seus três cães.

Você pode vê-los na carta de Tarô da Lua. Guardiã das encruzilhadas, Hécate vagueia, escoltada por seus cães, para a Lua minguante, para a encruzilhada dos destinos. Hécate vê de que direção nós chegamos, que caminho vamos tomar e em qual passagem vamos nos comprometer. Mãe dos xamãs modernos, mestra da magia, Hécate é invocada durante os rituais chamados de a "ceia de Hécate". Ela abençoa as mulheres revelando seus poderes mágicos de amor e cura. Hécate nos transmite as chaves dos encantamentos mágicos e das propriedades mágicas das plantas.

5 A SAÚDE E O CORPO

As depressões. A fadiga. O sonho. A ansiedade. A hipnose. A esquizofrenia. As terapias familiares. As lágrimas. A retenção de água. O estômago e a digestão. A bulimia. As alergias alimentares. As anomalias congênitas do aparelho digestivo. As perturbações do metabolismo. O sonambulismo.

6 PALAVRAS-CHAVE

Credulidade. Mudança de humor. Passividade. Passado. Família. Fecundidade. Fuga. Decepção. Complô. Preguiça. Viagem. Superstição. Vidência. Armadilhas. Sedução. Hábito. Paranoia. Aparência. Fraude. Acontecimento familiar. Confusão. Lar. Contemplação. Fantasia. Poesia. Genealogia.

7 PERSONAGENS E ARQUÉTIPOS

Uma vidente. Uma atriz. Uma psicóloga. Uma mãe de família. Um médium. Uma enfermeira. Uma trabalhadora de alguma instituição. Uma navegadora solitária. Uma musicista. Uma escritora. Uma funcionária pública. Uma pessoa da família. Uma trabalhadora da noite. Uma genealogista.

8 A LUA E AS DÁDIVAS DO DESTINO

A mulher que manifesta as qualidades da Lua dispõe de um bom ouvido. É uma boa contadora de histórias. É provida de belas atitudes. É psíquica, romântica, mística, impressionável, compassiva e bastante clarividente. Muito emotiva, ela chora por nada e precisa aprender a controlar suas emoções. Isso não quer dizer que deva ignorá-las. Dia a dia, ela aprende a lidar com seu sofrimento. Ela deve reconhecer suas necessidades porque, se não forem consideradas, buscará a fuga, algumas vezes, na alimentação, no álcool, nas drogas, nos relacionamentos amorosos, no cigarro, no sono ou sonhando acordada. Ela repete muitas vezes os velhos cenários, acreditando em desnudamentos diferentes e improváveis. Sendo muito imaginativa, criativa e artista, ela deve aprender a visualizar, imaginar e criar sua vida.

Muitas vezes, ela desempenha o papel de missionária ou cruzada. Quer converter os outros à sua maneira de pensar e de agir. A mulher que manifesta as qualidades da Lua precisa aprender a respeitar sua feminilidade, a acreditar em sua intuição. Ela tem talentos psíquicos e deve usá-los de maneira sutil, com plena consciência, para ajudar as pessoas em dificuldade.

Esta mulher precisa de solidão, de viver perto da água, para meditar e se recuperar. É uma alma poética que cria constantemente a beleza em seu entorno imediato.

9 INTERPRETAÇÃO

A Lua pode significar, entre outras coisas, que:

Você vive um momento de confusão e inquietação.

A comunicação com os outros está cheia de mal-entendidos.

Você procura agradar a qualquer um, a todo preço, sem levar em conta suas próprias necessidades.

Precisa ficar bem atenta ao que acontece em sua vida.

Se alguma coisa lhe parece misteriosa, acredite em seus pressentimentos.

Você vai sonhar muito. Se quiser compreender o significado de seus sonhos, é bom registrá-los em um diário ou partilhá-los com algum parceiro ou amigo. Mais tarde, você compreenderá que o destino, por meio deles, falava-lhe de algo importante.

Experimente fazer regressão a vidas passadas.

Um acontecimento kármico está por vir.

Aprenda a ser mais independente e a ter confiança em seus sentimentos e intuições.

Construa sua própria segurança interior e não conte muito com a ajuda dos outros neste momento de sua vida.

Você sofre muita influência dos que a rodeiam.

Você tem uma atitude muito passiva. Não é porque se recusa a enxergar um problema que ele vai desaparecer.

Você procura suas origens e decide estudar genealogia.

Você está na defensiva.

O caranguejo que aparece na imagem lembra a você que esse animal tem a reputação de andar para trás. Livre-se de seu passado.

10 MEDITAÇÃO

Que cenário doentio estou em vias de repetir?

Estou confusa, angustiada, atormentada? Do que tenho medo?

Será que estou prestes a me trair?

Estou tentando imaginar um acontecimento assustador?

Será que sou muito presa à família, à tradição, às convenções, ao meu passado?

Será que construí muros ao meu redor para me sentir mais segura, por temer o futuro?

Quais são os entraves ao meu crescimento? Por que me recuso a me tornar autônoma, adulta?

Será que os erros que cometi no passado me permitem compreender e viver melhor meu presente?

Conte em detalhes um sonho que teve. Inverta os papéis. Reescreva o final.

11 AFIRMAÇÃO

Não permito mais que minhas obsessões e minha ansiedade me conduzam. Aceito abrir os muros de minha prisão inconsciente. Isso me leva a...

12 SIMBOLOGIA ATUAL

A Lua, arcano da noite, do passado e do inconsciente, governa os mistérios femininos. Nos últimos vinte anos, mais ou menos, assistimos ao ressurgimento do poder feminino, representado pela Deusa-Mãe, entre outras. Por meio das lendas e dos mitos revisitados, descobrimos uma trindade feminina: a virgem, a mãe e a mulher sábia.

A Grande Deusa-Mãe despertou. Cada vez mais mulheres a redescobrem em sua busca espiritual e feminista. O movimento feminista, que começou como uma demanda política, econômica e social, se volta agora para uma espiritualidade feminina que engloba todos os aspectos da busca da mulher moderna. O neopaganismo que floresceu durante os anos 1960 na costa oeste americana finalmente nos uniu de novo.

Mas, o que é o neopaganismo? Esse movimento chamado "wicca" (etimologicamente *wisdom*, "sabedoria" em inglês) tem semelhança com uma religião. Na verdade, as praticantes desse antigo culto aprendem a identificar, a reconhecer e a despertar em si a Grande Deusa-Mãe. Os rituais dessa religião estão baseados na celebração das estações e dos ciclos da natureza.

Mas de onde vem o renascimento da Grande Deusa? Esse fenômeno espiritual e feminista ganhou destaque no mundo anglo-

-saxão no final dos anos 1980, com a divulgação do livro de Merlin Stone, *Quand Dieu était femme* [*Quando Deus era Mulher*]. Embora a figura da Grande Deusa chamada "Sofia" pelos agnósticos tenha sido eclipsada até nossos dias, essa sabedoria feminina não esteve inativa todo esse tempo.

De fato, as mulheres que desenvolvem a espiritualidade feminina associam a Grande Deusa à própria terra. Para cultuá-la, essas xamãs modernas bebem nas fontes sagradas da mitologia universal, para expandir as fronteiras de sua consciência por meio de rituais de magia. Com a ajuda desses rituais, essas novas feiticeiras aprendem a arte da magia e da cura. Um ritual consiste em uma pequena cerimônia durante a qual as participantes saúdam os quatro pontos cardeais, iluminados com velas, manipulam objetos simbólicos e invocam a bênção da Grande Deusa-Mãe.

O renascimento da Grande Deusa, o retorno da divina Sofia, significa nada menos que um novo estágio de evolução da consciência humana.

13 INTEGRAÇÃO
Meus ritmos biológicos e espirituais

Mergulho no mais profundo de mim mesma e recupero meu lado obscuro, para integrá-lo ao meu ser.

Atividades propostas

Descreva sua primeira menstruação.

Compre um captador de sonhos.

Se você tem vontade de chorar, derrame-se pelo tempo que for necessário.

Faça uma terapia de regressão a vidas passadas.

Comece a escrever um diário de seus sonhos.

Leia os livros de Marion Zimmer Bradleu: *Les dames du lac* [*As Damas do Lago*] e *Les brumes d'Avalon* [*As Brumas de Avalon*].

Reverencie a Lua em cada uma de suas fases:

Lua nova: reze, comece um projeto, semeie pensamentos positivos, visualize uma situação;

Lua crescente: alimente um projeto;

Lua cheia: viva este tempo de ternura, de magia, de sexualidade;

Lua minguante: realize um trabalho psíquico, dedique-se ao divino.

Prepare-se para fazer uma viagem astral.

Observe os acontecimentos síncronos de sua vida durante uma semana inteira.

Faça um registro dos eclipses lunares e anote seus sentimentos nesses períodos.

14 DESAFIO ESPIRITUAL – A DEUSA EM SI MESMA

A mulher que revela os dons, as atitudes e as virtudes da Lua é dona de uma alma muito sensível, dotada de uma receptividade psíquica e telepática aperfeiçoada ao longo de suas encarnações. Médium e xamã, experimenta estados alterados de consciência graças aos seus dons, adquiridos por meio de sonhos reveladores. Ela entra em transe ao sabor de sua vontade e captura assim, no curso do fluxo e refluxo de sua vida presente, a essência do divino e do Feminino Sagrado. Sonhadora visionária, atraída desde cedo pela metafísica, pelo esoterismo e pela espiritualidade, podendo viajar entre os mundos visível e invisível, ela se impulsiona em direção às esferas lunares a fim de recolher os mistérios da alma reencarnada, revelados pelos anjos da guarda, os espíritos vivos, os ancestrais desaparecidos e os Superiores desconhecidos. Ela cumpre seu desafio espiritual ensinando os aprendizes do caminho de iniciação a celebrar os ritmos do corpo feminino, bem como o ciclo espiritual das estações da alma, a fim de se reconciliar consigo mesma e se fundir ao Uno, ao Todo.

O SOL

Solar e luminoso

1 NÚMERO DEZENOVE. A carta do Sol tem o número 19. Reduzido, este número resulta em 1. Somados, 1 e 9 resultam também 10. O grafismo do 1 representa o polo masculino e o do 0, o polo feminino, o Sol ilustra a união dos dois polos da personalidade, reunidos para completar a totalidade do ser humano. Em torno do 1, a pessoa presa a uma visão hermética se revela à luz divina. O périplo espiritual prossegue, já que o Sol não é o último arcano do itinerário.

2 CORRESPONDÊNCIA ASTROLÓGICA
O Sol que governa o signo de Leão. Afinidade com o Fogo. Princípio de claridade, de irradiação, de amplitude, de harmonia, de delicadeza e de distinção.

3 A MULHER LEONINA
Atributos do signo de Leão

ELEMENTO	ENERGIA	PLANETA
Fogo	Masculina e fixa	Sol

A mulher que tem o signo solar, o ascendente ou a Lua em Leão é uma artista, uma dirigente, uma vencedora. Individualista, ela aspira, no entanto, à companhia dos outros. Sensível à lisonja, ela é ávida por aplausos e precisa de uma corte que a adule. Regida pelo Sol, a mulher de Leão tem um ego bastante aguerrido. Tem alta autoestima e dispõe de grande força de vontade e de vitalidade.

Enérgica, a mulher leonina manifesta ardentemente seus talentos de liderança, sendo dona de uma confiança inquebrantável em si mesma. Calorosa, afetuosa, essa mulher realiza milagres com as crianças, inspira confiança nos outros e todos se dispõem a embarcar em seus projetos.

Romântica e apaixonada, vê beleza em tudo. Generosa, aberta e amorosa, a mulher de Leão manifesta muita simpatia aos olhos dos outros; ela abre seu coração a todos os miseráveis. É admirada por seu sorriso, sua postura, a vibração que emana, suas atitudes teatrais. A mulher de Leão espera muito em troca de seu amor, de sua lealdade e de sua generosidade.

Ela tem a tendência de dramatizar os acontecimentos de sua vida. Precisa parecer excepcional, não suporta a mesquinharia, o revés E a pobreza. Para ser admirada, ela usará todos os trunfos, comprará objetos luxuosos, roupas caras; ela construirá uma casa grandiosa, na medida de suas ambições.

O signo de Leão governa o chakra do coração, o que torna a mulher leonina generosa, sensível e cheia de compaixão pelos deserdados.

São recomendadas atividades nas seguintes áreas profissionais:

Artes, embaixadas, decoração, liderança, bancos, joalheria, cardiologia, direção teatral, trabalho com crianças, política, cassinos, finanças, grandes empresas, função pública, psicologia, recreação, esportes, spas, estética.

As cores benéficas à mulher de Leão são: todos os dourados, os amarelos e laranjas.

Embora a leonina seja provida de muita vitalidade para criar e se regenerar, seu corpo emocional tem necessidade de se libertar de seu desejo de poder. Para conseguir isso, ela pode utilizar o óleo essencial de alecrim, que é refrescante e estimula a circulação do sangue. O alecrim aumentará também sua criatividade.

4 FIGURA FEMININA: BRIGITE

Brigite, deusa celta do sol e do fogo, da sabedoria, da poesia e dos poços sagrados, é festejada no dia 2 de fevereiro, dia da purificação de Nossa Senhora – que era denominado "Imbolc" na Irlanda dos tempos antigos. Muitos monumentos megalíticos foram erguidos em honra da deusa Brigite. Durante a comemoração de Imbolc, os adoradores da deusa faziam uma peregrinação a um dos numerosos templos solares a ela consagrados. Eles jogavam uma moeda em um poço sagrado e ali depositavam flores amarelas, cor da luz e do sol, fazendo um voto. Esses poços mágicos foram escondidos pela Igreja, cobertos ou cercados pelos muros dos novos templos. Deusa tríplice, Brigite evoca os três aspectos da feminilidade: ela simboliza a inocência da filha, a fertilidade da mãe e a sabedoria da mulher madura. Deusa do sol e do fogo, Brigite se revela também sob o nome *Gráinne* ou *Grania*, derivado do gaélico e que significa "sol". Brigite/Grania é frequentemente representada com uma chama flamejante na cabeça.

5 A SAÚDE E O CORPO

A vitalidade em geral. A resistência física. O plexo solar. O coração. A harmonia das proporções do corpo. Uma bela postura da cabeça. Banhos de sol.

6 PALAVRAS-CHAVE

Brilho. Otimismo. Honras. Notoriedade. Aliança. Triunfo. Casamento. Talentos artísticos. Afeição. Associação. Benevolência. Altivez. Dignidade. Amor. Calor. Beleza. União. Felicidade conjugal. Proteção. Alegria intensa. Criação artística. Majestade. Despertar.

7 PERSONAGENS E ARQUÉTIPOS

Uma artista. Uma embaixatriz. Uma decoradora. Uma banqueira. Uma joalheira. Uma criança mimada. Um cardiologista. Uma babá. Uma diretora de teatro. Uma vendedora de brinquedos. Uma profissional de um centro esportivo.

8 O SOL E AS DÁDIVAS DO DESTINO

A mulher que encarna as qualidades do Sol é uma pessoa autêntica, calorosa, nobre, otimista, generosa, sempre pronta a ceder tempo ou recursos. Ela inspira os outros com seu exemplo.

Esta mulher atrai a alegria, o prazer, a sorte, a felicidade, o amor. Brilha nela uma alegria solar. Força da natureza, ela goza de uma boa constituição e dá testemunhos frequentes de sentimentos generosos para com o outro. Algumas vezes orgulhosa, provida de qualidades excepcionais, de porte altivo, ela tem necessidade de exercer uma sedução encantadora e de irradiar um ideal superior, desejando amplificar o significado de seu destino.

É uma romântica incurável, dotada de um coração de ouro e pleno de lealdade. Ela ama seu parceiro e seus filhos e tem o poder de despertar o melhor entre as pessoas com quem convive.

Goza de saúde excelente porque conhece as leis da nutrição e do exercício físico e as põe em prática. O contato com o público lhe é bastante recomendado. Ao longo de sua vida, ela pode receber ajuda de pessoas excepcionais.

Sua segurança pessoal é comunicativa e contagiante. Elegante em suas atitudes, harmônica e bela em gestos e ações, ela reina aonde quer que vá.

9 INTERPRETAÇÃO

O Sol pode significar, entre outras coisas, que:

Você está pronta para se casar.

Você dá à luz uma criança.

Sua vida conjugal irradia paz e felicidade.

Algumas situações confusas se esclarecem de um dia para o outro.

Você conseguirá grande sucesso em seu trabalho.

Você recebe reconhecimento por sua generosidade, sua liderança.

É chegada a hora da criatividade e do crescimento pessoal.

Você está otimista, entusiasmada e saudável.

A vida se abre a você e lhe apresenta novas direções.

Você irradia uma luz resplendente.

Seu *animus*, polo masculino de sua personalidade, emerge. Acredite.

Exprima-se no mundo dos negócios.

Uma bela oportunidade se lhe apresenta. Acolha-a de mãos abertas. Um tempo abençoado. Agradeça.

Você exprime um talento artístico.

Você recebe reconhecimento público por suas obras.

10 MEDITAÇÃO

O que é o amor para você?

Descreva sua relação conjugal atual ou passada.

Visualize o homem ideal para você. Descreva-o nos menores detalhes.

Dialogue com seu parceiro e divida com ele tudo o que seu coração sente necessidade de dizer.

Escreva o que o amor produz em sua vida.

Você realizou alguma coisa grandiosa recentemente?

Você pode dedicar seus talentos a uma pessoa ou a um grupo de seu relacionamento?

Descreva a maior alegria que você já experimentou.

11 AFIRMAÇÃO
Celebro a vida tomando iniciativas que emanem luz ao meu redor.

12 SIMBOLOGIA ATUAL
Hoje em dia, há no mercado inúmeros livros disponíveis que abordam o autoconhecimento, o desenvolvimento pessoal e, sobretudo, a autoestima. Uma máxima antiga de Sócrates, "Conhece-te a ti mesmo e conhecerás o universo e os deuses", nos recomenda tomar consciência de nós mesmos.

O autoconhecimento e a autoestima estão em alta. O arcano Sol nos convida para essa empreitada.

A sociedade ocidental acentua bastante o foco na identidade pessoal, fundada sobre os mitos masculinos. O périplo dos heróis – no cinema, na literatura, passando pela fotografia, a televisão e os jogos eletrônicos – estabelece o padrão. O princípio masculino é cheio de homens honrados, de cavalheiros, de mágicos, de *senhores dos anéis* e de guerreiros plenos de vigor, enquanto o itinerário espiritual da mulher, tal como frisa Maureen Murdock, em seu livro *Le parcours de l'héroïne ou La féminité retrouvée* [*O Percurso da Heroína ou A Feminilidade Reencontrada*], está banalizado ou oculto.

Em astrologia, o Sol simboliza ao mesmo tempo o espírito criativo, a vontade individual, as ambições pessoais, o polo masculino da personalidade, enquanto a Lua ilustra o polo feminino. O sol nos estimula a escolher nosso itinerário e nosso objetivo, a fim de atingirmos nosso potencial material e espiritual.

O Sol é o símbolo astrológico mais importante no tema astral de uma pessoa e representa o centro da personalidade, o Si Mesmo, o Self. Seu simbolismo evoca a dificuldade que o indivíduo deve experimentar para se conhecer e se realizar. O Sol é graficamente representado por um círculo contendo um ponto em seu centro. O círculo é um antigo símbolo de plenitude e o ponto central sugere que o espírito, a divindade, o Si Mesmo, habita no interior de nós. As leis do destino não atam a mulher guiada por seu sol interior. Sua alma se evade pelas alamedas do destino e se eleva até as esferas espirituais.

As mulheres têm ainda um longo caminho a percorrer. Além das reivindicações políticas e sociais, elas devem, antes de empreender sua busca heroica, voltar os olhos para dentro de si a fim de colher aí o ingrediente indispensável para seu desenvolvimento: a autoestima. Construir e cultivar a autoestima é a tarefa essencial da mulher moderna. Em seu ensaio sobre o amor-próprio e a confiança em si, Gloria Steinem define esse retorno a si mesma como uma "revolução interior".

Irmos ao encontro de nós mesmas, vir a ser o que somos, eis a tarefa primordial a ser cumprida por cada uma de nós.

13 INTEGRAÇÃO
Meu brilho pessoal

Sou a via de meu coração e irradio a energia do amor em torno de mim.

Atividades propostas

Compre um talismã que faça sentido para você.

Apadrinhe uma criança estrangeira.

Faça uma lista de todos os seus sucessos.

Leia o livro *Retrouver l'enfant em soi* [*Volta ao Lar – Como Resgatar e Defender sua Criança Interior*), de John Bradshaw.

Se for verão, tome um banho de sol.

Visite um artista.

Inscreva-se em um curso de teatro ou vá assistir a uma peça.

Compre um jogo para uma criança ou para você mesma.

Promova uma festa à fantasia em que você e seus convidados se vistam como crianças.

Presenteie-se com uma joia de ouro.

Compre um quadrante solar.

Crie um jardim de girassóis.

14 DESAFIO ESPIRITUAL – A DEUSA EM SI MESMA

A mulher que revela os dons, as atitudes e as virtudes do Sol está possuída, investida, de uma potente, luminosa e sólida autoridade natural, constituída ao longo de suas vidas passadas. Bem cedo, desde a infância, dotada de uma lucidez admirável, ela domina a capacidade de afastar as trevas de seu espírito e de se conscientizar dos resíduos kármicos de experiências passadas, iluminando as zonas sombrias de seu inconsciente.

Fonte de calor, de energia e de luz, este espírito criado descobre ao longo de seu percurso espiritual que seu coração é inspirado do mais fundo de sua alma e que sua consciência se aclara em cascata, iluminada pela energia divina sob os raios aquecidos por seu sol interior.

Inundada dessa luz solar maravilhosa, esta alma penetra o Divino em toda a criação. Sustentada e estimulada por essa inteligência superior, seu desafio espiritual consiste em tornar-se guia daqueles que estão no caminho de desenvolvimento, fazendo cair sobre eles sua claridade luminosa.

O JULGAMENTO
Angelical e inspirado

1 NÚMERO
VINTE. 20 é composto dos algarismos 2 e 0, sendo que o 2 é o da Papisa e o 0 é o do Louco. O Louco (ou Bobo) seguiu seu caminho com a ajuda da sabedoria da Papisa, alcançando a maturidade espiritual, e ressuscita ao som das trombetas no arcano do Julgamento.

2 CORRESPONDÊNCIA ASTROLÓGICA
O planeta Plutão (que governa o signo de Escorpião) combinado com Vênus. A fusão dos polos masculino e feminino da personalidade. Plutão nos força a integrar os conteúdos do nosso inconsciente, e assim faz renascer nossa verdadeira personalidade, nossa plenitude.

3 A MULHER DE ESCORPIÃO
Atributos do signo de Escorpião

ELEMENTO	ENERGIA	PLANETA
Água	Feminina e fixa	Plutão

As mulheres que têm o signo solar, o ascendente ou a Lua em Escorpião são pessoas que amam viver à beira de um precipício!

Intensas, tensas, encarniçadas, as mulheres de Escorpião se obrigam a censurar seus desejos por medo de serem subjugadas pelo poder deles. Elas dispõem de uma vontade férrea, de uma energia fora do comum para se recuperar e se regenerar no plano físico, mental, intelectual ou espiritual. Além disso, têm talento para inspirar e motivar. Ninguém resiste a seu poder.

Cativantes, encantadoras, dotadas de um magnetismo imenso, sedutoras, essas mulheres exploram constantemente sua sensualidade. Possessivas e ciumentas, fazem uso do poder da sexualidade para atrair e aprisionar seu parceiro amoroso. Irresistíveis, são habitualmente fiéis. Se as mulheres de Escorpião são traídas ou subjugadas por seu companheiro, elas não têm nenhum escrúpulo em promover uma revanche.

Visionárias, intuitivas, proféticas, fascinadas pela sexualidade, a morte e o ocultismo, elas podem se servir de seus dons no curso de todas as atividades cotidianas. Seu subconsciente está repleto de segredos aos quais elas buscam ter acesso. Secretas, não se revelando jamais, elas procuram descobrir as motivações escondidas atrás das ações alheias. Um dia elas se veem cercadas de inimigos; no outro, experimentam medos indescritíveis e têm presságios funestos. Em outros períodos, se acreditam traídas ou se imaginam abandonadas.

São recomendadas as seguintes atividades profissionais:

Ginecologista, sexóloga, conselheira espiritual, psicóloga, curandeira, vidente, médium, parteira, técnica em radiologia, massoterapeuta, bióloga, organizadora de funerais, tanatologista, detetive, espiã, encarregada de cuidados médicos, farmacêutica, agente de seguros, educadora, musicoterapeuta, herborista.

As cores benéficas à mulher de Escorpião são: o preto, o branco e o vermelho, todas três cores do processo alquímico.

4 FIGURA FEMININA: ÍSIS

Ísis, deusa egípcia, representada como uma mãe amamentando seu filho Hórus e usando os chifres da deusa Hator, é a irmã e a mulher de Osíris. O mito isíaco fala que a deusa encontrou o corpo de seu esposo depois de sua morte e lhe deu o sopro vital. Ísis, deusa primordial entre os egípcios, era venerada como deusa da cura e detentora dos segredos das ervas medicinais. Venerada sob inúmeros aspectos, Ísis é a criadora do cosmos, a fonte de toda a vida, aquela que distribui a vida e a morte. Ísis é frequentemente representada na arte com o símbolo *ankh*, a cruz ansata egípcia, evocando seus atributos de Senhora da vida e da morte.

Embora venerada como a mãe universal, Ísis é a protetora das mulheres em particular. Ela as protege durante o parto e as consola no momento da morte. Sua compaixão é tão infinita quanto sua sabedoria e é adorada principalmente como a divina curadora, que possui o poder de curar o corpo, o espírito e a alma.

5 A SAÚDE E O CORPO

Os diagnósticos. Os ruídos. A cura física e espiritual. O renascimento. O despertar espiritual. A polaridade. A abertura dos chakras. A musicoterapia.

6 PALAVRAS-CHAVE

Despertar. Renascimento. Chamada. Vocação. Ressurreição. Nova vida. Julgamento. Publicidade. Perdão. Transformação. Cura. Popularidade. Notoriedade. Celebridade. Missão. Público. Multidão. Renovação. Sucesso. Exaltação.

7 PERSONAGENS E ARQUÉTIPOS

Uma pediatra. Uma política. Uma jornalista ou artista. Uma assistente social. Uma agente comunitária. Uma fisioterapeuta. Uma fonoaudióloga. Um recém-nascido.

8 O JULGAMENTO E AS DÁDIVAS DO DESTINO

A mulher que encarna os atributos do Julgamento tem boa presença. Mulher poderosa, apaixonada, magnética e sábia, essa pessoa, naturalmente indulgente ao olhar dos outros, é muitas vezes tentada a subjugar sexual ou emocionalmente as pessoas que a rodeiam. Ela pode atrair para si as circunstâncias e as pessoas que lhe permitirão evoluir. Ela pode ser vista e ouvida por centenas de pessoas. Manifesta-se em defesa dos fracos, dos órfãos e da criança oprimida.

Interessada pelas pesquisas e descobertas científicas, pelas invenções e novidades, ela é apta a reformar ou restaurar processos ou modos de fazer.

Essa pessoa, cercada de mistério, opina sobre tudo. Ela tem poderes de autorregeneração e de cura. É uma velha alma com instintos combativos, que veio polindo seu caráter de vida em vida. Uma pessoa aberta, receptiva a sua voz interior, integrada, capaz de responder aos apelos recebidos.

Desde jovem, ela soube conduzir seu intelecto, seguiu sua intuição e buscou viver em um nível alto de consciência.

9 INTERPRETAÇÃO

O Julgamento pode significar, entre outras coisas, que:

Você se renova em alguma área específica de sua vida.

Você descobre sua vocação.

Você estabelece o eixo entre o inconsciente e o consciente, a fim de exprimir seu Eu.

Você manifesta uma centelha da divindade com sua generosidade.

Você reparte o que sabe com as pessoas interessadas na expansão da consciência anunciada pela era de Aquário.

Suas súbitas inspirações rendem reconhecimento no trabalho.

Você toma a palavra diante de uma plateia.

Você espera um bebê.

Você profere algumas palestras.

Você colhe os frutos de seus esforços.

Você vive um período de realização e de criação de um futuro novo.

Você atravessa uma fase de nova escolha profissional.

Você fecha um capítulo de sua vida e dá início a outro.

10 MEDITAÇÃO

Costumo tecer julgamentos sobre os outros?

Já descobri minha missão na vida?

Tenho minha própria filosofia de vida?

Preciso rever o que já fiz e estabelecer novos objetivos?

Estou agindo segundo minha consciência, atualmente?

Estou em uma encruzilhada, preparando-me para viver um rito de passagem?

Tenho a impressão de que me libertei do quê?

Preciso reparar os danos que causei a alguém?

Estou prestes a emergir da sombra e descobrir minha luz interior?

11 AFIRMAÇÃO

Tive a revelação da Presença Divina em mim. Divido essa centelha de luz da seguinte maneira:...

12 SIMBOLOGIA ATUAL

O arcano do Julgamento evoca o anúncio feito à Virgem Maria, pelo arcanjo Gabriel, de sua maternidade divina. O anjo a chama, a convida a seguir seu destino, a aceitar sua missão. Todo o mistério da vida humana repousa nesta resposta: dizer sim ao destino.

Qual é minha vocação, minha missão na vida? Quantas vezes eu encarei esta questão? Quanto silêncio, quanta ansiedade, quanta esperança se escondem atrás dessa pergunta! Tempos atrás, a tarefa da mulher se resumia, em geral, ao casamento e à maternidade. Atualmente, a questão se coloca com uma acuidade aguçada, sobretudo para a mulher em plena maturidade.

A Deusa-Mãe habita em cada mulher. Cada mulher desempenha um papel principal no cenário de sua vida, segundo seus talentos e suas motivações, e procura tomar posse do seu mito pessoal e ativá-lo. Entretanto, todas têm a tarefa sagrada de empreender o caminho da espiritualidade feminina.

Além de perseguir seus objetivos pessoais, a mulher do terceiro milênio estabelece os seguintes objetivos para si própria: em primeiro lugar, aprende a reconhecer e a honrar a Deusa-Mãe nela mesma; em seguida, ela reparte sua evolução espiritual e/ou feminista, tomando também consciência, pessoal e coletivamente, da *glória de ser mulher*; finalmente, toma consciência de si mesma, da terra, das crianças, dos homens e dos animais que habitam o planeta. Ela tira proveito de inúmeros recursos para se conhecer melhor e expandir sua autoestima e, dessa maneira, cumprir sua missão, com ênfase na astrologia, no herborismo, no Tarô, no xamanismo, na programação neurolinguística, no yoga, no I Ching, na meditação, na naturoterapia, na prece, nas técnicas de expansão da consciência.

Para completar sua missão, a mulher despertada tem necessidade de libertação do medo ancestral, de ser seu próprio mestre, de romper os laços de dependência afetiva, de deixar a *casa do pai*. Para cumprir seu destino, ela precisa consolidar sua coragem, obedecer a sua intuição, demonstrar um senso de dever considerável, dar testemunho de muita paciência e dedicar energias consideráveis a tudo isso.

A mulher desperta responde ao apelo do Espírito; ela sabe que é apenas o instrumento de uma Inteligência infinita e, no cumprimento de sua missão, contribui para enriquecer a comunidade humana revelando sua singularidade.

13 INTEGRAÇÃO
Meu renascimento

Hoje é o primeiro dia de minha nova vida.

Atividades propostas

Peça perdão a alguém que você feriu.

Compre um anjo (estátua, adereço etc.).

Exprima uma de suas subpersonalidades por meio de alguma ação concreta.

Responda por escrito à seguinte pergunta: "Que chamado ouvi recentemente?".

Renove alguma coisa de sua casa.

Partilhe sua visão de vida com alguém.

Compre um instrumento musical (trompete, saxofone, flauta, clarinete).

Escute uma peça musical composta para instrumentos de sopro.

Assista ao filme *A Bela Adormecida*.

Estude o livro *Votre mission de vie* [*Sua Missão de Vida*], de Carol Adrienne.

14 DESAFIO ESPIRITUAL – A DEUSA EM SI MESMA
A mulher que revela os dons, as atitudes e as virtudes do Julgamento manifesta a firme intuição de favorecer o desabrochar de suas potencialidades físicas, psíquicas e espirituais, para realizar sua Grande Obra.

Desde a infância, essa adepta, desligada das crenças e dos condicionamentos terrenos, dispõe da capacidade de anular em seu íntimo os elementos materiais para se colocar a serviço de Si mesma. Após numerosas experiências iniciáticas, essa alma em desenvolvimento captou as emanações sutis do sopro divino e responde ao apelo interior pedindo-lhe para se recriar à imagem da Divindade.

Ao longo de múltiplas encarnações, essa alma profética se preparou para a ressurreição do corpo e o renascimento espiritual. Erguendo-se de seu túmulo, esse espírito desperto alcançou a reconciliação e a unificação de seu corpo, sua alma e seu espírito.

Seu desafio espiritual se cumpre por meio do ensinamento da arte de escuta ativa e dos mistérios prodigiosos às iniciantes, permitindo-lhes decifrar as revelações divinas, para que o céu se abra e o espírito desça sobre elas.

O MUNDO

Andrógino e imortal

1 NÚMERO
VINTE E UM. Este número simboliza a maturidade, o ideal, a plenitude, a perfeição, a unidade suprema, o nascimento para a vida espiritual, a apoteose – palavra grega que significa "tornar divino". A pessoa centrada em Si mesma e não mais no ego. A alma decifra os 21 atributos da sabedoria, segundo a Bíblia. Iluminada, ela se assenta na consciência cósmica, realizando a Grande Obra, aquilo que as tradições herméticas chamam de segundo nascimento.

2 CORRESPONDÊNCIA ASTROLÓGICA
Os quatro elementos (terra, água, fogo e ar). A Mulher completa, aquela que encarna todas as qualidades da Deusa-Mãe.

3 A MULHER COMPLETA
Atributos da Mulher completa

ELEMENTO	ENERGIA	PLANETA
Todos os quatro	Cósmica	O cosmos

Toda mulher, quer queira quer não, vive em seu corpo, em sua alma e em seu espírito os prazeres e as dores da feminilidade.

A Mulher completa encarna o eterno feminino, englobando os atributos do *yin* e do *yang*. Independentemente de seu desenvolvimento, a Mulher completa habitou e atravessou todas as profundezas de sua feminilidade. Primeiro criança, depois desabrochada em uma linda jovem, que na sequência se apaixonou e acolheu seu amor em seus braços, ela carregou e nutriu a vida no âmago de si mesma. Como mãe, foi educadora de crianças; como orientadora, instruiu outras jovens almas.

Submetida por seu corpo aos mistérios da vida, à percepção dos ritmos cósmicos e da cadência dos astros, a Mulher completa se liberta, se revela, se doa, abre mão de tudo que a prende e habita. Mais perto da vida e em contato mais direto com a natureza do que o homem, compreendendo melhor o ser humano, a Mulher completa se volta mais facilmente para a abnegação. Por amor, ela transforma as humildes tarefas cotidianas. Sua simples presença gera um clima harmonioso no ambiente. Faz arte a partir do nada. Sem se dar conta, ela transforma os negócios concretos em realidades espirituais.

A Mulher completa tem tanta necessidade de ternura e de amor quanto revela, e tem fome de liberdade. Sua ênfase na libertação do ser humano é ainda uma maneira de desejar um mundo no qual haverá mais espaço para o amor. Ela completa ensina que o reconhecimento e a importância dos valores femininos poderão libertar o ser humano de sua servidão e conduzi-lo para a completude.

Sua capacidade de ser receptiva aos outros e aos acontecimentos se revela em todas as facetas da atividade humana. A Mulher completa vive e atua em três níveis: por ela mesma e suas necessidades pessoais; pelos outros e as necessidades da comunidade; pelas necessidades de sua alma e de toda a humanidade.

A Mulher completa valoriza a contribuição essencial que ela pode prestar ao desenvolvimento do conhecimento humano e se dedica a conduzir algumas ações junto a homens e mulheres, para a construção do futuro. Atenta e paciente, com grande capacidade de se adaptar, atender, aconselhar, a Mulher completa aparece no mundo como um testemunho de amor e de vida. Ela contribui para incentivar a ligação harmoniosa do corpo e do espírito, do carnal e do espiritual, do abstrato e do concreto, do pequeno eu e do grande Self, o Si mesmo.

Em desenvolvimento, a Mulher completa avalia a plenitude de sua feminilidade na medida de sua vida interior. Consciente de sua missão e fiel ao seu ser profundo, a Mulher completa conduz o homem ao encontro da divindade.

Por sua presença, que convida à contemplação da natureza e à escuta da alma, se doando e doando vida, a Mulher completa concebe perpetuamente o mundo.

4 FIGURA FEMININA: A VIRGEM MARIA

Maria, à semelhança de outras deusas-mães antes dela (Ísis, Ishtar, Cibele), concebeu um deus encarnado que morreu e ressuscitou. Confirmada Mãe de Deus pelo Concílio de Éfeso, no ano 431 de nossa era, proclamada Imaculada Conceição no dia 8 de dezembro de 1854 pelo papa Pio IX, e celebrada pela Assunção desde 1950, Maria evoca na cultura ocidental a quintessência da feminilidade.

Em sua edição de 22 de agosto de 1997, o jornal *Ottawa Citzen* imprimiu a manchete: "A Virgem Maria será promovida" (tradução livre). Segundo o jornal, "... milhares de católicos do mundo inteiro enviaram um pedido ao papa João Paulo II para que exerça seu poder de infalibilidade e proclame a Virgem Maria corredentora e mediadora de todas as Graças". Se esse movimento tiver resultado, a Virgem Maria será proclamada partícipe da redenção do mundo realizada por seu filho Jesus.

Como destaca Merlin Stone no prefácio de seu livro *The Goddess Re-Awakening*, não resta dúvida de que a Grande Deusa tenha retornado. Há quase trinta anos, cada vez mais mulheres têm redescoberto a Deusa-Mãe, adorada e venerada em todas as culturas antigas. Desde então, as mulheres começaram a questionar o motivo que as religiões tradicionais têm para manter as mulheres em um papel subalterno. Atualmente, na religião anglicana, as mulheres também são ordenadas sacerdotes – devemos dizer sacerdotisas? Em seus livros *Des femmes aux prises avec Dieu* e *Des femmes messagères de Dieu* [As Mulheres em Luta com Deus e As mulheres Mensageiras de Deus], Irmtraud Fischer, teóloga e professora titular de Antigo Testamento, propõe uma nova leitura do universo hebraico da profecia, e nos apresenta o profetismo no feminino, sob as figuras de Débora, Sara, Miriam, Ana, Abigail, Hulda e Ester.

5 A SAÚDE E O CORPO

O equilíbrio e a harmonia de todas as partes do corpo. De todos os nervos, de todos os vasos sanguíneos, de todos os músculos. A saúde em geral. Um corpo elegante, esguio, flexível. A beleza do corpo.

6 PALAVRAS-CHAVE

Honras. Os quatro elementos. Criação. Potencial infinito. Alma. Manancial. Amor. Nobreza. Elegância. Riqueza. Benevolência. Luxo. Distinções. Vocação. Prestígio. Apogeu. Exaltação. Êxtase. Gratificação. Triunfo. Ideal. Brilho. Irradiação. Finalização. Criação. Iluminação. Apoteose.

7 PERSONAGENS E ARQUÉTIPOS

Uma mulher marcante. Uma pessoa de uma esfera social elevada. Uma sacerdotisa. Uma primeira bailarina. Uma diplomata. Uma estrangeira. Uma pessoa célebre. Uma pessoa afortunada. Uma política. Uma mulher realizada.

8 O MUNDO E AS DÁDIVAS DO DESTINO

A mulher que encarna os atributos do Mundo tem uma tarefa particular a cumprir, uma missão. Essa alma tem um senso de responsabilidade bastante pronunciado. Nascida para ensinar, organizar, construir, iniciar, essa mulher enfrenta qualquer desafio com coragem e determinação.

Séria, sincera, honesta, perseverante, ela aceita trabalhar com afinco para atingir seus fins, materiais e espirituais. Bastante preocupada com as mudanças sociais e políticas, ela exerce a liderança aonde quer que vá.

É uma pessoa bem equilibrada no plano emotivo. Tem senso do decoro, e atrai beleza e celebridade em sua vida. Não passa despercebida, qualquer que seja o meio em que viva. Otimista e sociável, sua liberalidade e suas maneiras agradáveis e corteses são sem dúvida responsáveis por boa parte do sucesso em suas iniciativas. Ela deixa por onde passa uma atmosfera de felicidade e generosidade.

Seu senso do dever inspira confiança e ela pode alcançar os postos mais altos. Generosa, filantropa, equilibrada, harmoniosa, ela respeita os outros e isso favorece bastante sua evolução material, social e espiritual.

9 INTERPRETAÇÃO

O Mundo pode significar, entre outras coisas, que:

Você atingiu o equilíbrio em sua vida.

Você completou algo importante. Um objetivo foi atingido.

Seu trabalho é aceito. Tudo se realiza.

Você compreendeu que faz parte de um universo mais vasto que o seu.

Um ciclo maior de seu destino foi completado. Você dá início a uma nova fase.

Você encontra a alma irmã.

Você tem sucesso no plano profissional.

Você fecha um negócio de forma promissora.

Você entra em um período de abundância.

Você exerce seu pleno potencial.

Você inicia a última fase de sua iniciação espiritual.

10 MEDITAÇÃO

Que oportunidades se abrem para mim, atualmente?

Quais são minhas intuições neste momento? Devo segui-las?

Será que utilizo ao máximo meu potencial?

Como faço para beneficiar outras pessoas com meus talentos?

Tenho algo para comemorar?

Sou livre para aceitar esta nova responsabilidade?

O que aprendi de grandioso a meu respeito recentemente?

Como posso aproveitar este novo conhecimento sobre mim?

Descreva você há cinco anos e agora. O que é que mudou no campo do trabalho? E no campo amoroso? E no plano psicológico?

Defina a palavra *triunfo*.

11 AFIRMAÇÃO

A Deusa-Mãe me oferece possibilidades infinitas, e eu escolho ser bem-sucedida em...

12 SIMBOLOGIA ATUAL

Há milênios, as mulheres sentavam-se juntas para tecer, fiar e costurar. Com paciência, elas teciam fios de linho, de cambraia, de lã, de seda ou de algodão, para formar tecidos simples, crepes, adamascados, estampados, salpicados. Tecidos xadrezes, de bolinhas, floridos. Tecidos brilhantes, leves, transparentes, vaporosos, com reflexos, ondulados.

Hoje em dia, as mulheres estabelecem laços entre si, do mesmo modo que a Mulher-aranha na tradição Hopi tece a trama da vida humana. Assim como a aranha tece a trama do universo, o arcano O Mundo nos convida a construir uma rede de modelos femininos e de recursos que as mulheres poderão usar para se orientar no labirinto da vida.

Há bastante tempo que as mulheres se reagrupam em pequenos círculos para se entreter e partilhar seus interesses e seus talentos entre si. Isso nos remete aos círculos de artesãs, à organização católica internacional Filles d'Isabelle, à franco-maçonaria feminina, às numerosas associações femininas.

Fazer parte de um grupo oferece a oportunidade de acelerar o despertar e proporciona resultados incríveis. Como preciosos presentes colocados no altar da Deusa-Mãe, cada mulher oferece aí o melhor de si.

Nesse círculo de espiritualidade feminina, um círculo de alegria no qual todas as mulheres se dão as mãos, uma se sente igual à outra e desempenha seu papel no despertar coletivo cumprindo sua tarefa específica. Graças a esse encontro de almas irmãs vibrando no nível do coração, toda a comunidade humana será inestimavelmente recompensada.

Você está disposta a fazer parte de uma rede universal de mulheres fortes e inspiradas que, com a ajuda do fio de Ariadne, reencontraram seu caminho para a Deusa-Mãe, seu caminho para elas mesmas?

13 INTEGRAÇÃO
Meu círculo sagrado

Fiz um apanhado de minhas subpersonalidades. Eu as integro agora e as utilizo com bom senso.

Atividades propostas

Comece um curso de dança.

Compre uma bússola.

Participe de um grupo de auxílio mútuo ou crie um.

Leia a biografia de uma primeira bailarina (por exemplo: Isadora Duncan).

Leia o livro *Des femmes prix Nobel* [*Mulheres Prêmio Nobel*].

Compre uma roda medicinal.

Se for casada, veja as fotos de seu casamento.

Faça uma guirlanda de flores secas.

Compre um bibelô no formato de um ovo.

Fale com um estrangeiro.

Leia o livro *La gloire d'une femme* [*O Valor da Mulher*], de Marianne Williamson.

14 DESAFIO ESPIRITUAL – A DEUSA EM SI

A mulher que revela os dons, as atitudes e as virtudes do Mundo buscou, de vida em vida, a redenção espiritual e se dedicou corajosamente ao cumprimento da última fase da Grande Obra, a operação vermelha, chamada "rubedo" em linguagem alquímica. Depois de ter cruzado por caminhos difíceis e amargos, e ter se libertado das amarras terrestres, esta alma encarnou, dotada de uma consciência cósmica e manifestando os quatro elementos ordenados do Universo. Por seus sentimentos, ela simboliza a água; por sua criatividade, evoca o fogo; por sua sabedoria, representa o ar; e por seu senso prático, designa a terra. Transcendendo o universo material e desenvolvendo esforços para que brilhe nela a chama divina, acontece a união sagrada entre o espírito solar e a alma lunar.

Ela tem como missão demonstrar a outras mulheres dedicadas à busca espiritual que o Espírito trabalha sobre a Terra desde os primórdios da humanidade e que seu poder divino brilhará até o fim dos tempos. O verdadeiro Self emerge, fixando suas raízes na divindade. Tudo se completa.

Segunda parte

Tarô Astrológico

Acolher todas as mulheres em si

Este capítulo é inspirado na psicossíntese. Essa teoria do psiquiatra italiano Roberto Assagioli supõe que cada ser humano contém em si personalidades secundárias que devem entrar em contato com o "Eu" e, por intermédio deste, com a alma. Em seu livro *Psicossíntese*,* Assagioli, que viveu em Florença a maior parte de sua vida (de 1888 a 1974), escreveu que "o ser humano pode, em vez de se deixar viver, perseguir a busca de um sentido para a vida e de um despertar da espiritualidade". Ele lembra que "existe uma possibilidade de auto-terapia a cada etapa desse caminhar interior".

Você pode confiar no fio de Ariadne para desembaraçar o novelo de suas múltiplas personalidades. Ariadne, deusa cretense, filha de Minos e de Pasífae, se apaixona por Teseu, que tinha chegado a Creta para matar o Minotauro. A lenda conta que ela lhe dá um novelo de lã para desenrolar no labirinto, para ajudá-lo a encontrar a saída quando tivesse triunfado sobre o monstro.

A Mulher completa não existe mais. Ela inventa seu próprio caminho espiritual. Ela se cria pouco a pouco. Ela decifra os símbolos, levanta vestígios, destrincha sinais. Eis as chaves do Feminino Sagrado, siga o fio de Ariadne, seu itinerário espiritual depende apenas de você. Em cada mulher encarna a Divina Sofia, a sabedoria feminina.

Cada mulher é a regente de sua vida. Para desenvolver todos os recursos de sua feminilidade, cada mulher deve descobrir, reco-

---

* Publicado pela Editora Cultrix, São Paulo, 1983.

nhecer, integrar e exprimir variados aspectos de si mesma e coabitar harmoniosamente com eles. Essa leitura de si mesma a convida a explorar catorze facetas de sua personalidade. Alguns comportamentos e sentimentos podem ser inconscientes. O objetivo deste Tarô Astrológico é revelar as causas dos sofrimentos psicológicos que você enfrenta ao longo de seu caminhar espiritual. E mais: esse método lhe dará suporte ao longo de seu diálogo interior e será testemunha da amplitude de sua vida.

Trata-se de observar como se você fosse espectadora de sua história, de descobrir todas essas mulheres em si, sem julgar e sem reagir de modo positivo ou negativo. O Tarô Astrológico é um processo de liberação poderoso, que espelha você sem complacência. Ele lhe permite desenterrar, reconhecer, tomar posse e integrar todas essas mulheres interiores que habitam seu inconsciente. Essa possibilidade de se atualizar lhe dá a oportunidade de centrar-se na mulher essencial que existe em você, no seu Eu. Assim você será capaz de favorecer, fortificar e dar suporte ao seu itinerário espiritual, a cada vez mais conduzir sua vida e completar seu compromisso supremo.

Convido-a a fazer esta tiragem seguindo as celebrações do antigo calendário céltico:

O **31 de outubro**, dia da festa de **Samhain**, do tempo em que nossos ancestrais, os celtas, praticavam uma religião da natureza. Eles acreditavam que, durante a noite de 31 de outubro, o véu que separa os mundos – o conhecido do desconhecido, o profano do sagrado, o explicável do misterioso – se adelgaçava e que era possível então contatar o espírito dos mortos. Samhain, que hoje é chamado de Halloween, é o dia do ano dos xamãs modernos.

O **2 de fevereiro**, o dia da festa de **Imbolc**, do tempo em que a Deusa Tríplice Brigite, deusa celta da terra e do fogo, era adorada na Irlanda, na época de nascimento das ovelhas. Atualmente, a Igreja católica celebra nesta data a purificação de Maria e a apresentação de Jesus no templo. A tradição católica a chama de Candelária.

O **equinócio da Primavera**, em torno de 20 de março. Esta festa é chamada Ostara pelos celtas, nome que vem da palavra latina *Oestrus*, que se origina do nome da deusa germânica Eostre – daí o nome *Easter*, que significa "Páscoa" em inglês. Lembremos que o dia de Páscoa é sempre celebrado no primeiro domingo depois da Lua cheia seguinte ao equinócio da Primavera.

O dia de **Beltaine**, o 1º de maio, festa celebrada na Antiguidade pelos celtas, pelos romanos, pelos gregos e pelos germânicos. Os celtas veneravam nesse dia a Grande Deusa, a Rainha de Maio, como jovem filha, como mãe e como velha sábia, se entregando a uma sexualidade desenfreada.

O **1º de agosto**, durante a festa da colheita de cereais, chamada Lughnasad (o que significa "Assembleia de Lugh"), comemoração em honra de sua mãe adotiva, a deusa Tailtiu, símbolo da Mãe Terra fértil e nutridora na Irlanda. Lughnasad ilustra a união sagrada entre o rei solar Lugh e a Deusa que confirma a soberania do rei. Lughnasad contém o nome de Lugh, que deu, entre outros, seu nome à cidade de Lyon, na França.

No período da Lua nova, tempo de renovação, de semeadura, de criatividade e de esperança. O ponto de partida.

Durante a Lua cheia, momento de plenitude e abençoado, quando o universo convida ao romance, ao erotismo e à prática da magia sexual. Essa fase da Lua representa o aspecto maternal da Grande Deusa inundando a terra com seu amor benéfico.

Tiragem do Tarô Astrológico

Esta tiragem de Tarô se assemelha à roda astrológica. Em astrologia, além de doze signos solares, há os planetas, os elementos, os modos, as polaridades e o que a tradição astrológica chama de *Casas*. As doze Casas representam doze setores importantes de nossa existência.

Cada Casa, cada setor de nossa vida, nos convida a nos fazer algumas perguntas, a examinar nossas escolhas, a responder de maneira criativa aos desafios com que nos defrontamos.

Quais perguntas essenciais surgidas nos domínios divergentes de nossa vida devemos formular, explorar e, finalmente, elucidar?

A Casa I: Quem sou no momento? Que faceta de minha feminilidade vou exprimir agora? Tenho amor-próprio? Que papel devo desempenhar nesta altura da vida? Como posso fazer nascer minha verdadeira personalidade?

A Casa II: Quais são meus valores? Quais são minhas necessidades financeiras? Como é que administro meus recursos? Tenho o suficiente? Que espécie de poder o dinheiro representa para mim?

A Casa III: Como é que me comunico com os que me rodeiam? Qual é a minha relação com meus irmãos e irmãs? Como é que enfrento e resolvo os problemas de minha vida cotidiana?

A Casa IV: Como se dá minha filiação familiar e qual a minha lealdade em relação à minha família original? Quais são as raízes inconscientes de meus bloqueios psicológicos? Como é que eu cuido de mim e de minha família? Que cuidados dedico ao estudo de meus sonhos?

A Casa V: Como são minhas ligações amorosas? Que laços tenho com meus filhos? Como se manifesta minha criatividade e minha intuição? Sinto necessidade de libertar minha criança interior?

A Casa VI: Minha vida cotidiana está equilibrada ou cheia de obrigações? Estou com boa saúde física, psíquica e espiritual? Se estou doente, como posso me cuidar? Minha vida profissional desabrochou?

A Casa VII: Como está minha relação sentimental? Estou desejando algum parceiro? Como se comporta meu parceiro? A que se assemelha minha vida relacional – minha ligação com os outros? Consigo manter meus limites pessoais diante dos outros?

A Casa VIII: Como vivo minha sexualidade? Penso na morte? Exprimo meu desejo de poder por meio da sexualidade? Partilho meus recursos materiais com meu parceiro?

A Casa IX: Qual é meu ideal espiritual? Gostaria de viajar? Estou desenvolvendo uma busca espiritual? Como posso expandir meus horizontes ou minha consciência? Sinto necessidade de algum guia? Devo transmitir o que aprendo em meu ambiente?

A Casa X: Qual é minha missão na vida? Como posso responder a isso? Minha necessidade de aprovação social me faz mal? Como posso me envolver socialmente? Tenho ambição, sucesso e poder em minha vida profissional?

A Casa XI: Tenho amigos, relações, colegas que enriquecem minha vida? Tenho projetos para o futuro? Como me inserir em um grupo ou organização com vistas a alargar minha consciência?

A Casa XII: Quais são as facetas inconscientes de minha personalidade? Quais são meus medos e minhas limitações? Será que estou a ponto de enfrentar uma provação, uma traição? A que devo renunciar? Estou interessada em esoterismo ou espiritualidade? Como me tornar mais consciente de minhas inúmeras mulheres interiores?

∞ Como proceder para tirar o Tarô Astrológico

Em primeiro lugar, pegue uma folha de papel no formato 8,5×11 e coloque-a horizontalmente à sua frente; faça um traço horizontal no meio, dividindo-a em duas partes. A seguir, escreva no alto da folha, em uma mesma linha, o nome das seis primeiras Casas astrológicas, ou seja, Casa I, Casa II, Casa III, Casa IV, Casa V, Casa VI. Abaixo do traço horizontal, escreva o nome das seis outras Casas, ou seja, Casa VII, Casa VIII, Casa IX, Casa X, Casa XI, Casa XII.

A seguir, embaralhe o conjunto dos 22 arcanos do Tarô. Corte o monte em dois e desdobre as cartas sobre a mesa, com a face para baixo, quer dizer, sem as ver. Depois, escolha uma pergunta dentre aquelas que eu lhe sugeri para a Casa I. Uma única pergunta para cada Casa.

Feito isso, escreva sua primeira pergunta abaixo da Casa I.

Depois, com sua mão esquerda, tire a primeira carta, que corresponde à Casa I. Tirada a carta, devolva-a a seu lugar e escreva o nome do arcano abaixo da questão da Casa I em sua folha de papel. Proceda da mesma forma com as doze cartas.

Ao fim da tiragem, quando tiver escolhido suas doze cartas para cada uma das doze Casas correspondentes, pegue novamente todas as cartas, embaralhe-as outra vez e tire uma décima terceira carta, que eu chamo de "o arcano da mulher essencial". É seu Self, seu Eu, essa mulher interior, que pode ajudá-la a conviver com as diferentes mulheres em você. Coloque essa décima terceira carta, essa mulher essencial em você, no centro da folha de papel.

Para interpretar sua tiragem, baseie-se nos catorze pontos estudados neste manual de aprendizagem. Utilize sua intuição. Seja criativa. Escreva um retrato de si mesma utilizando o Eu.

Instruções complementares para sua tiragem do Tarô Astrológico

Observe bem o arcano tirado na Casa I.

Ex.: Você tirou o Imperador. Com a ajuda da Tabela de correspondências, veja o signo do zodíaco que corresponde a ele; neste caso, é o Touro. Você pode ler a descrição dos atributos da mulher taurina, no ponto 3 do arcano do Imperador. Ele indica que, no período que se seguirá a sua tiragem, você vai viver uma fase Touro, pouco importando a localização de seu Sol (signo solar), de sua Lua (signo Lunar) ou de seu Ascendente. O ponto 8 é também bastante interessante para descobrir quais são as dádivas do destino que você pode atualizar nesta etapa de sua vida.

Se na Casa I você tirou a Lua, leia os atributos da mulher canceriana no ponto 3 do arcano da Lua. Você viverá uma fase Câncer. O ponto 8 é também bem interessante para descobrir quais são as dádivas do destino que você pode atualizar nesta etapa de sua vida.

Se você tirar na Casa I a Justiça, leia os atributos da mulher libriana no ponto 3 do arcano da Justiça. Você viverá então uma fase de Libra. O ponto 8 é também bem interessante para descobrir quais são as dádivas do destino que você pode atualizar nesta etapa de sua vida.

Observe bem os arcanos tirados nas Casas IV e X. A Casa IV representa sua vida interior e familiar, e a Casa X, sua vida social e profissional. Esses dois arcanos são complementares ou opostos?

Por outro lado, as Casas V, VII e VIII se referem respectivamente a sua vida amorosa, relacional e sexual. Analise-as como um todo.

Se você questiona o Tarô a respeito de sua saúde, consulte o ponto 5, intitulado "a saúde e o corpo", do arcano tirado na Casa VI.

O arcano tirado na casa IX representa seu desafio espiritual. Leia o ponto 14, que se refere à descrição do desafio espiritual do arcano correspondente. Ex: Se você tirou na Casa IX a Estrela, então leia o 14° ponto do arcano da Estrela.

∞ Exemplo de interpretação

Eis o diálogo interior verbalizado por Solange na sequência desta tiragem.

Solange tirou as seguintes cartas:

I, a Lua; II, o Julgamento; III, a Força; IV, o Imperador; V, a Roda da Fortuna; VI, o Enamorado; VII, o Diabo; VIII, a Temperança; IX, o Sol; X, A Morte; XI, o Mundo; e, finalmente, na Casa XII, o Carro.

A décima terceira carta tirada foi o Imperador. Solange repara também que a Casa IV contém também o Imperador.

Solange explica:

O Imperador é minha mulher essencial e eu a tirei também na Casa IV, o setor das raízes e da família. Sou agora avó e me pergunto como cuidar de mim e de minha família.

Solange volta à Casa I. Eis seu diálogo interior:

Casa I: A Lua – Minha pergunta é:
Que papel devo desempenhar nesta altura de minha vida?

A Lua representa o passado e as vidas passadas, a história e a arqueologia, os mistérios enfurnados, os mundos invisíveis e a imensidão do infinito; ela confirma que tenho talentos psíquicos e que tenho sonhos inspiradores neste período de minha vida. Eles me parecem mesmo iniciáticos. Começo a estudar a história bíblica, sobretudo a respeito da origem do cristianismo e da gnose. Todos os movimentos esotéricos e as escolas de mistérios me interessam, especialmente a Maçonaria. Compartilho meus conhecimentos com as pessoas de minhas relações, desempenho uma missão.

Casa II: O Julgamento – Minha pergunta é:
Quais são meus valores?

O Julgamento ilustra o despertar, a regeneração e, em alquimia, o segundo nascimento, a ressurreição por intermédio do Espírito. Quem é este anjo, o arcanjo Miguel ou Gabriel? Ele veio me trazer a iluminação? Confirmar meu fascínio pela morte e pelo renascimento? Aconselhar-me a seguir minhas aspirações de regeneração espiritual? O anjo me anuncia, talvez, a chegada de uma visionária, portadora de luz, me ensinando como despertar minha consciência, como realizar minha próxima apoteose, com a condição de renunciar aos valores de meu ego e de deixar o Self nascer em mim.

Casa III: A Força – Minha pergunta é:
Como me comunico com os que me cercam?

A Força representa a energia sexual, o reconhecimento dos instintos, a matriz das pulsões animais, a sublimação do ego. Sou uma mulher apaixonada, ardorosa e corajosa, mas não creio ter tomado posse dos dois aspectos de minha natureza humana. Entendo que este arcano, neste ponto de minha tiragem, me convida a exprimir com mais frequência minha doçura e minha energia feminina nos contatos com os outros, a reconciliar a sombra e a luz em mim.

Casa IV: O Imperador – Minha pergunta é: Como cuidar de mim e de minha família?

O Imperador representa a ordem, a segurança, a estrutura, a autoridade e a vontade. É uma imagem masculina. É o pai, e eu sou a mãe. Parece-me que não é possível atribuir a mim o título de "filha de seu pai". Sim, eu acredito que encarno em parte o Imperador porque sou respeitosa das convenções e das tradições. Será que sou muito segura de minhas ideias, e autoritária em relação aos outros? Será que minha família me vê como uma guerreira? Este arcano me avisa, talvez, para que não fique na defensiva com os membros da família, para deixá-los organizar suas vidas sem me acreditar investida dos poderes do Imperador.

Casa V: A Roda da Fortuna – Minha pergunta é: Como se manifestam minha criatividade e minha intuição?

A Roda da Fortuna me fala de destino, de acaso, de karma e de fatalidade. O que me prepararam as fiandeiras de destino? Boa ou má sorte? Será que tenho as rédeas de meu futuro? Sou muito fatalista? Será que meu espírito criativo vai fazer com que eu leve adiante este projeto de escrever um livro? Como posso ativar a Roda a fim de empreender e levar a bom termo esse desejo? Eu sei, portanto, que minha sorte resulta, em parte, de meus esforços.

Casa VI: O Enamorado – Minha pergunta é:
Gozo de boa saúde física, psíquica e espiritual?

O Enamorado me indica uma experiência ou uma escolha a fazer no plano físico, psíquico ou espiritual. Devo equilibrar em mim o elemento yin, a *anima* e minha parte yang, o *animus*? Como fazer vibrar em harmonia meu corpo, minha alma e meu espírito? Minha busca espiritual exige que negligencie as necessidades carnais de meu corpo? Devo me inscrever em um curso de ioga, para aprender a respiração consciente e praticar a flexibilidade do corpo?

Casa VII: O Diabo – Minha pergunta é:
A que se assemelha minha vida relacional – meu contato com os outros?

O Diabo. Será o meu Diabo? Ah, não gosto mesmo deste arcano grotesco em minha Casa VII, minha vida relacional. Será que projeto meus defeitos sobre os outros? Sou refém de meu parceiro? Bem, é verdade que a raiva me invade rapidamente e que eu fico indignada sempre diante do mal. Tomo-me, talvez, por uma guia buscando conduzir o desenvolvimento espiritual de alguém. Mas me parece que não tenho nenhuma intenção diabólica em relação a ninguém.

Casa VIII: A Temperança – Minha pergunta é:
Eu penso na morte?

Temperança ilustrada por um anjo! Descubro que devo contar com a presença e a divina proteção de meu anjo da guarda, que me aconselha a moderação em todas as coisas, escuto sua voz fluida no coração de meu ser, sob a forma de uma vibração, me dizendo para relaxar e viver sem pensar muito na morte. Esta carta me diz também que me interesso pela angelologia, pelos mistérios da vida e da morte e pelos rituais funerários de diferentes religiões. A Temperança me acompanha em meu percurso terreno e me conduzirá em direção à Divindade no último instante.

Casa IX: O Sol – Minha pergunta é: Qual é meu ideal espiritual?

O Sol, arcano com afinidade com o fogo, a claridade e a irradiação, ilustrado por dois gêmeos se tocando reciprocamente, representa em muitas culturas o Ser, a divindade. Por outro lado, as crianças simbolizam o frescor, o instinto, a vida e o momento presente. Este arcano me fala para harmonizar minhas tendências opostas, a fim de realizar a androginia de meu ser. Compreendo que é manifestando os atributos de meu signo solar, o Aquário – a saber, o altruísmo, o espírito de fraternidade, a cooperação e a liberdade de pensar –, que completarei a unidade de minha personalidade, reconciliando assim os opostos de minha natureza.

Casa X: A Morte – Minha pergunta é: Qual é minha missão na vida?

O arcano A Morte me pede que explore os mistérios da vida e da morte? Tudo o que é velado e insondável chama minha atenção. Será que tenho talentos mediúnicos? Acredito que é preciso fazer uma viagem perigosa, atravessar uma dolorosa passagem, descer ao mundo obscuro de nosso inconsciente e receber a graça divina a fim de renascer em espírito. Recentemente, planejei fazer uma pesquisa sobre os cuidados paliativos e a eutanásia, e fazer um curso de acompanhamento espiritual de pessoas que estão próximas da morte.

Casa XI: O Mundo – Minha pergunta é:
Como ingressar em um grupo para expandir minha consciência?

Neste arcano é mostrado um personagem andrógino em uma moldura em forma de amêndoa, rodeado pelos quatro Seres Viventes do Apocalipse, sendo um anjo, uma águia, um boi e um leão, relacionados aos quatro elementos. Esta imagem está associada à experiência do Ser, à divinização do ser humano, à sua apoteose. Na ordem espiritual, o Mundo testemunha uma iniciação completa. Como não atingi este estado espiritual, talvez o Mundo esteja me dizendo que devo me engajar em um movimento social, filantrópico ou espiritual, o que me ajudará a fazer eclodir dentro de mim a centelha flamejante do espírito.

Casa XII: O Carro – Minha pergunta é:
Como me tornar mais consciente de minhas numerosas mulheres interiores?

O Carro representa a exploração, a busca, o comando, a missão e a conquista. O território que devo explorar é o mundo de meu inconsciente? Meu caminhar iniciático está preso a uma via impraticável, terminando num impasse? O desconhecimento de meus inúmeros eus me impede de criar? Por outro lado, este arcano do Carro no setor dos segredos, das práticas esotéricas, da vida mística, me indica, talvez, que eu poderia realizar viagens astrais com sucesso! Um dia, vi em sonho a seguinte frase: Deus tinha tocado nela... É meu fim supremo.

Anexo

TABELA DAS CORRESPONDÊNCIAS

Número	Arcano	Zodíaco	Elemento	Energia	Figuras
0 (ou 22)	Louco	Peixes	Água	Feminina e mutável	Beguinas
1	Mago	Áries	Fogo	Masculina e cardinal	Atena
2	Papisa	Câncer	Água	Feminina e cardinal	Sofia
3	Imperatriz	Touro	Terra	Feminina e fixa	Afrodite/Vênus
4	Imperador	Touro	Terra	Feminina e fixa	Hera/Juno
5	Sumo Sacerdote	Capricórnio	Terra	Feminina e cardinal	Papisa Jeanne
6	Enamorado	Gêmeos	Ar	Masculina e mutável	Psiquê
7	Carro	Sagitário	Fogo	Masculina e mutável	Ártemis/Diana
8	Justiça	Libra	Ar	Masculina e cardinal	Têmis/Maat
9	Eremita	Virgem	Terra	Feminina e mutável	Héstia/Vesta
10	Roda da Fortuna	Todos os signos	Terra	Mista e mutável	Fiandeiras de destino
11	Força	Leão	Fogo	Masculina e fixa	Sekhmet
12	Enforcado	Peixes	Água	Feminina e mutável	Perséfone e Deméter
13	Morte (Arcano sem nome)	Escorpião	Água	Feminina e fixa	Coatlicue
14	Temperança	Aquário	Ar	Masculina e fixa	Fada Morgana
15	Diabo	Capricórnio	Terra	Feminina e cardinal	Lilith
16	Casa de Deus	Escorpião	Água	Feminina e fixa	Kali
17	Estrela	Aquário	Ar	Masculina e fixa	Inanna/Ishtar
18	Lua	Câncer	Água	Feminina e cardinal	Hécate
19	Sol	Leão	Fogo	Masculina e fixa	Brigite/Grania
20	Julgamento	Escorpião	Água	Feminina e fixa	Ísis
21	Mundo	Todo os signos	Todos	Cósmica	Virgem Maria Deusa-Mãe

Bibliografia

Para nutrir a alma feminina...

ADRIENNE, Carol. *Votre mission de vie* [*Sua Missão de Vida*]. Montreal: Éditions du Roseau, 1999.

ANDERSON, Sherry R. e HOPKINS, Patricia. *La Féminité cachée de Dieu* [*A Feminilidade Escondida de Deus*]. Montreal: Le Jour éditeur, 1996.

ANDRIEU, Irène. *Initiation à l'astrologie d'évolution* [*Iniciação à Astrologia Evolutiva*]. St-Jean-de Braye: Éditions Dangles, 1982.

_____. *Astrologie, clé des vies antérieures* [*Astrologia, Chave de Vidas Anteriores*]. St-Jean-de-Braye: Éditions Dangles, 1984.

ARROYO, Stephen. *Astrologie, karma et transformation* [*Astrologia, Karma e Transformação*]. Mônaco: Éditions du Rocher, 1987.

BIÈS, Jean. *L'Initiatrice* [*A Iniciadora*]. Paris: Éditions Jacqueline Renard, 1990.

BONARDEL, Françoise. *La Voie hermétique* [*A Via Hermética*]. Paris: Éditions Dervy, 2002.

BRADLEY, Marion Zimmer. *Les Dames Du lac* [*As Damas do Lago*] (volume I). Paris: Livre de poche, 1988.

_____. *Les Brumes d'Avalon* [*As Brumas de Avalon*]. (volume II). Paris: Livre de poche, 1989.

BRENON, Anne. *Les Femmes cathares* [*As mulheres albigenses*]. Paris: Éditions Perrin, 2004.

BRUNEL, Pierre (coordenador). *Dictionnaire des mythes féminins* [Dicionário dos Mitos Femininos]. Mônaco: Éditions du Rocher, 2002.

CALVINO, Ítalo. *Le Château des destins croisés* [O Castelo dos Destinos Cruzados]. Paris: Éditions du Seuil, 1976.

CALVO PLATERO, Danièle. *Les Amants d'Atlantis* [Os Amantes de Atlantis]. Paris: Olivier Orban, 1984.

CAMERON, Julia. *Libérez votre créativité* [Libere sua Criatividade]. St-Jean-de-Braye: Éditions Dangles, 1995.

_____. *La Veine d'or* [Criatividade: A Mina de Ouro], Montreal: Éditions du Roseau, 1999.

CARION, Nadette. *Vivre en transit planétaire* [Viver em Trânsito Planetário]. Mônaco: Éditions Du Rocher, 2001.

DELCAMP, Edmond. *Le Tarot initiatique, symbolique et ésotérique* [O Tarô Iniciático, Simbólico e Esotérico]. Paris: Le Courrier du Livre, 2004.

DOLGHIN, Marie-Claire. *Les Saisons de l'âme* [As Estações da Alma]. Paris: Dervy, 1999.

DUCHÉ, Jean. *Le Premier Sexe* [O Primeiro Sexo]. Paris: Éditions Robert Laffont, 1972.

DUFOUR, Manon B. *La Magie de la Femme celte* [A Magia da Mulher Celta]. Boucherville: Éditions de Mortagne, 2003.

DROUAILLET, Christian. *L'Astrologie de la guérison* [A Astrologia da Cura]. Mônaco: Éditions du Rocher, 2007.

DUNAND, Françoise. *Isis, mere des dieux* [Ísis, Mãe dos Deuses]. Arles: Actes Sud, 2008.

EAUBONNE, Françoise d'. *Les Femmes avant le patriarcat* [As Mulheres Antes do Patriarcado]. Paris: Payot, 1976.

EDELMAN, Nicole. *Voyantes, guérisseuses et visionaries en France* [*Videntes, Curandeiras e Visionárias na França*]. Paris: Albin Michel, 1995.

EISLER, Riane, *Le Calice et l'Épée* [*O Cálice e a Espada*]. Paris: Robert Laffont, 1987.

FISCHER, Irmtraud. *Des femmes aux prises avec Dieu* [*As Mulheres em Luta com Deus*]. Paris: Éditions du Cerf, 2008.

_____. *Des femmes messagères de Dieu* [*As Mulheres Mensageiras de Deus*]. Paris: Éditions du Cerf, 2009.

FORREST, Steven, *Astrologie: le ciel intérieur* [*Astrologia: O Céu Interior*]. Mônaco: Éditions du Rocher, 1990.

FRANZ, Marie-Louise Von. *La Femme dans les contes de fées* [*A Mulher nos Contos de Fadas*]. Paris: Albin Michel, 1993.

FRENCH, Marilyn. *La Fascination du pouvoir* [*O Fascínio do Poder*]. Paris: Acropole, 1986.

GIMBUTAS, Marija. *Le Langage de la déesse* [*A Linguagem da Deusa*]. Paris: Des femmes – Antoinette Fouque, 2006.

GRAND, Robert, *L'Univers inconnu du Tarot* [*O Universo Desconhecido do Tarô*]. Mônaco: Éditions du Rocher, 1979.

GRAVELAINE, Joëlle de. *La Déesse sauvage* [*A Deusa Selvagem*]. St-Jean--de-Braye: Éditions Dangles, 1993.

GREENE, Liz e SASPORTAS, Howard. *Astrologie: le développement de la personnalité* [*Astrologia: O Desenvolvimento da Personalidade*]. Mônaco: Éditions du Rocher, 1992.

_____. *Astrologie: les dynamiques de l'inconscient* [*Astrologia: As Dinâmicas do Inconsciente*]. Mônaco: Éditions Du Rocher, 1994.

_____. *Les Planètes intérieures* [*Os Planetas Interiores*]. Mônaco: Éditions Du Rocher, 1997

GREENE, Liz. *Le Guide astrologique des relations humaines* [*Guia Astrológico das Relações Humanas*]. Mônaco: Éditions du Rocher, 1987.

HARDING, Esther (Dr). *Les Mystères de la femme* [*Os Mistérios da Mulher*]. Paris: Petite bibliothèque Payot, 1976.

HARDY, Jean. *Une psychologie qui a de l'âme* [*Uma Psicologia com Alma*]. La Varenne-Saint-Hilaire: Éditions Séveyrat, 1989.

HILLMAN, James. *Le code caché de votre destin* [*O Código Oculto de seu Destino*]. Paris: Éditions J'ai lu, 2002.

HIRSIG, Huguette. *Traité d'astrologie* [*Tratado de Astrologia*]. Montreal: Le Jour éditeur, 1985.

HUSAIN, Shahrukh. *La Grande Déesse-Mère* [*A Grande Deusa-Mãe*]. Paris: Albin Michel, 1998.

JACQ, Christian. *Pour l'amour de Philae* [*Pelo Amor de Philae*]. Paris: Livre de poche, 2001.

JAMES, E. O. *Le Culte de la Déesse-Mère* [*O Culto da Deusa-Mãe*]. Paris: Le Mail, 1989.

JUPEAU RÉQUILLARD, Françoise. *L'Initiation des femmes* [*A Iniciação das Mulheres*]. Mônaco: Éditions du Rocher, 2000.

KEEL, Othmar. *L'Éternel Féminin, une face cachée du Diéeu biblique* [*O Eterno Feminino, uma Face Oculta do Deus Bíblico*]. Genebra: Éditions Labor et Fides, 2007.

LACARRIÈRE, Jacques. *Marie d'Egypte* [*Maria do Egito*]. Paris: Livre de poche, 1983.

MARKALE, Jean. *La Grande Déesse* [*A Grande Deusa*]. Paris: Albin Michel, 1997.

MERCURE, Luc. *Les Saintes-Maries-de-la-Mer* [*As Santas-Marias do Mar*]. Montreal: l'Hexagone, 1997.

MURDOCK, Maureen. *Le Parcours de l'héroïne, ou La Feminité retrouvée* [*O Percurso da Heroína, ou A Feminilidade Reencontrada*]. St-Jean-de-Braye: Éditions Dangles, 1993.

MYSS, Caroline. *Contrats sacrés* [*Contratos Sagrados*]. Outremont: Ariane Éditions inc., 2002.

ORIONA, Sophie d'. *Nous sommes toutes des déesses* [*Nós Somos Todas Deusas*]. Montreal: Les Éditions de l'Homme, 2004.

PAGELS, Elaine. *Les Évangiles secrets* [*Os Evangelhos Secretos*]. Paris: Éditions Gallimard, 1982.

PARIS, Ginette. *La Renaissance d'Aphrodite* [*O Renascimento de Afrodite*]. Montreal: Bóreal Express, 1985.

PARMENTIER, Élisabeth. *Les Filles prodigues* [*As Filhas Pródigas*]. Genebra: Labor et Fides, 1998.

PASQUIER, Anne. *L'Évangile selon Marie* [*O Evangelho Segundo Maria*]. Québec: Les Presses de l'Université Laval, 2007.

PERERA, Sylvia Brinton. *La Déesse retrouvée* [*A Deusa Reencontrada*]. Montreal: Éditions de La Pleine Lune, 1996.

PINKOLA ESTÉS, Clarissa. *Femmes qui courent avec les loups* [*Mulheres que Correm com os Lobos*]. Paris: Livre de poche, 1996.

POLLACK, Rachel. *Tarot* [*Tarô*]. Colônia: Éditions Könemann, 2001.

ROUSSEL, Denise (Dr). *Le Tarot psychologique, miroir de soi* [*O Tarô Psicológico, Espelho de Si*]. Boucherville: Éditions de Mortagne, 1983.

SALOMON, Paule. *La Femme solaire* [*A Mulher Solar*]. Paris: Albin Michel, 1991.

SCHIERSE LEONARD, Linda. *Rebelles, de mère en fille* [*Rebeldia, de Mãe para Filha*]. Montreal: Le Jour éditeur, 1994.

SCOPELLO, Madeleine. *Femme, Gnose et Manichéisme* [*Mulher, Gnose e Maniqueísmo*]. Leiden-Boston: Brill, 2005.

SÉJOURNANT, Maud. *Le Cercle de vie* [*O Círculo da Vida*]. Paris: Albin Michel, 1997.

SIGNELL, Karen A. (Dr). *La Sagesse du coeur* [*A Sabedoria do Coração*]. Montreal: Le Jour éditeur, 1992.

STARBIRD, Margaret. *Marie-Madeleine et le Saint Graal* [*Maria Madalena e o Santo Graal*]. Neuilly-sur Seine: Éditions Exclusif, 2006.

STEINEM, Gloria. *Une révolution intérieure* [*Uma Revolução Interior*], Paris: Inter éditions, 1992.

STONE, Merlin. *Quand Dieu était femme* [*Quando Deus era Mulher*]. Paris, L'Étincelle, 1979.

TERVAGNE, Simone de. *Les Exploratrices de l'invisible* [*As Exploradoras do Invisível*]. Montreal: Éditions Sélect, 1977.

TOMBERG, Valentin. *Méditations sur les 22 arcanes majeurs du Tarot* [*Meditações sobre os 22 Arcanos Maiores do Tarô*]. Paris: Éditions Aubier Montaigne, 2003 (anonyme).

VIRTUE, Doreen. *Déesses et Anges* [*Deusas e Anjos*]. Varennes: Éditions AdA inc., 2006.

VONARBURG, Élisabeth. *Chroniques du Pays des Mères* [*Crônicas do País das Mães*]. Quebec: Alire, 1999.

WARNER, Marina. *Seule entre toutes les femmes* [*Única Entre Todas as Mulheres*]. Paris: Rivages, 1989.

WILLIAMSON, Marianne. *La Gloire d'une femme* [*A Glória de uma Mulher*]. Montreal: Éditions du Roseau, 1995.

WOOD, Barbara. *La Prophétesse* [*A Vidente*]. Paris: Presses de la Cité, 1997.

WOODMAN, Marion. *Obsédée de la perfection* [*Obsessão pela Perfeição*]. Montréal: Éditions de la Pleine Lune, 1996.

_____. *La Vierge enceinte* [*A Virgem Grávida*]. Montreal: Éditions de la Pleine Lune, 1992.

PRÓXIMOS LANÇAMENTOS

**Editora
Pensamento**
SÃO PAULO

Para receber informações sobre os lançamentos da
Editora Pensamento, basta cadastrar-se no site:
www.editorapensamento.com.br

Para enviar seus comentários sobre este livro,
visite o site
www.editorapensamento.com.br
ou mande um e-mail para
atendimento@editorapensamento.com.br